骨太の学び

21世紀を働き抜く君たちへ

奥村直樹

目次

第3章 これからを考える視点 98

●はじめに：21世紀になって「職業」が大きく変わった

人は学校を卒業しますと仕事に就きます。日々の生活の糧を得る、自己実現を図る、更には社会貢献を行うなど理由は各人それぞれですが、殆どの人は様々な仕事に就きます。家業を継ぐ場合を除くと、人は職場の選択をすることになります。仕事を持つことはそれほど普遍的な事象なのですが、どのような考え方で仕事を選択することが正解なのか、明確で共通の指針がないのが実情です。その結果、少しでも給料の良さそうな企業へ数多くエントリーシートを提出し、大学生活の後半を就活に汗水流すことが当たり前になってきています。

そのようにして得た職場で長年働く、あるいは数回の転職を経験した上で数十年間努力して働いた経験を基に、それぞれの人が「実に充実した私の職業生活であった」と振り返ることができれば、その職業履歴こそがその人にとって職業選択の正解になるわけです。言い換えれば職業生活を全うした後でないと職業選択の本当の適否は分からない、とも言えます。

これから職につく若い人にとって、それでは困るので、働き始める前に何かの考え方を提案できないかと考え、私の職業経験も参考にしながら、職の選択や仕事を進めるにあたって学んで欲しい基本を提示したのが本書です。その際、日本を含む先進諸国が直面している「社会の成熟・飽和」状態と「インターネットをはじめとするサイバー・デジタル技術」の社会での普及を考慮して、将来の職の選択に対して考えることが望ましい項目に絞り、対処へのヒントを提案することを心掛けました。外国から特に指摘されている、日本の労働生産性の低さを乗り越えることには注意を払いました。

将来の生き方を考える上で、青少年向けに参考となる学習の仕方や特定の職業へのアプローチ法などの書物が既に発行されており、それらを読んでみますと概ね次のように類型化できるかもしれません。

まず一つめは、著者が対象読者の目線に合わせつつ、著者の若い頃の経験や考え方を読者の目前に提示した上で、丁寧にあたかも若い読者に伴走するようにそれらを解説していく構成です。

例えば『新・大学でなにを学ぶか』(1)は大学の教官方のエッセイですが面白く読める本です。このタイプとは別に、いわば人生の目的を達成するための生き方を系統的に記述して読者に体系的な思考を促すタイプの自己啓発書があります(例『ハーバードの自分を知る戦略』(2))。これら二つの類型のアプローチは大きく異なるのですが共通していることは、世界で現実に生じている構造的な課題と学習の仕方の関連があまり強調されていないことです。

そうした話題に触れますと話全体が重くなり、ともすると読者に精神的負担をかける恐れが出てきますが、君たちが生き抜く今世紀の間は課題であり続けるであろうことを考慮して、本書では敢えて取り入れています。

本書のもう一つの特徴は、技術の進歩による社会生活への影響を取り入れたことです。今や技術進歩こそが先行して、その後に政治による社会ルール制定や経済的便益の拡大、あるいはそれらの弊害による社会問題の発生などが生じているからです。

これから君たちの就職や「創職」を考えていくうえで、認識しておいて欲しいことをはじめに確認しておきます。

第一に、社会経済の動きの目まぐるしさ、です。

日本の戦後の高度成長が続いたのは、50年前の1973年のオイルショックの時まで、その後の安定成長が1985年のプラザ合意まで、と言われていますが、それ以後35年も経っているのに新たに日本の成長する姿が示されないままに今日を迎えています。国民の平均賃金が30年にわたってほぼ横ばいなのは、先進諸国との比較でも特異な現象で、日本は「失われた30年」と評価される有様です。最近ではＡＩ（人工知能）の発達が顕著になり、これからの職業の在り方は大きく変わる可能性も指摘されていますが、その前にすでに大変化が起きていることを直視することが大事です。その後、バブル景気に踊り、それがはじけますと経済が停滞してしまったわけです。

このように、人の一生のうちに社会経済の大きな転変は起こるものと考えたほうが良いと思います。

特に注目しているのが、雇用の形態の大きな変化です。２０２０年度で、働く人の約38％が非正規雇用（派遣、アルバイトなど）であり（厚生労働省ＨＰ）、「会社員」＝定年まで同じ企業で働く人、のイメージとはかけ離れているのが実態です。先般も、大手コンビニの社長が45歳定年制を発表し、世間を震撼させたことがあります。従業員の年齢が上がるにつれて給料も増加するには、会社の収益が年々上昇していく必要がありますが、そうした流れは、今の日本の企業ではほとんど現実的ではないのです。

私たち日本の国民が直面する最も深刻な基本課題は、出生数の減少に伴う人口の減少とその対応策です。子供を産み育てることは各人の判断によりますが、そうした個人判断に大きく影響を与えるのがその人を取り巻く生活や経済環境です。生活費や子供の教育費の負担を考慮すると子供を育てる自信がない、という若い人の声が私の周りでも実に多い。子供を育てる以前に、非正規雇用の低賃金ゆえに結婚できない若者が増えているということでしょうか。

人口減少は、労働力の減少にとどまらず人材の多様性が減り、国の経済市場の縮小も招き、結果として国のＧＤＰの退潮や国民一人当たりのＧＤＰの低下に繋がっていきます。国際的に日本の立ち位置や国際貢献の大きさが後退することにも繋がります。文字どおり小さな貧しい国になることで、存亡に関わる深刻な問題なのです。

第二は、日本が活用できる資源についてです。

それは、「日本には天然資源、エネルギーがほとんどなく、食糧も外国からの輸入で賄っている」という事実です。最近、この事実はあまり声高に話題になりませんが、重い現実として今も将来も残っていきます。したがって「外国からそれら原料を輸入して、国内で加工して輸出し、その付加価値を獲得する」という宿命的な構造です。為替が円高の時には、外国での販売価格が高くなり輸出が困難になりますので、外国に工場を立地した企業も少なくありませんでしたが、そうなりますと国内での働き口が減少、国内産業は空洞化します。「加工貿易」と呼ばれる貿易の形ですが、諸外国に比べて、より付加価値の高い商品や文化などを生みだし、それを外国の人々に購入してもらうことで私たち日本人の賃金が確保でき、生活が成り立っています。最近（2023年10月）のように円安になりますと原油、原材料などの輸入品の価格が高騰し、それが国内販売価格に反映されることになるのです。

円高であっても輸出できるだけの競争力を伴った商品の提供が望ましいのです。その為には、他国に比べて様々な分野で優れている力、国際競争力がどうしても必要です。国際競争力を生み出す源は、日本人の知恵に他なりません。人材能力こそ、唯一の日本の有効資源なのです。

第三は、科学技術が果たしている役割についてです。

私の生きた20世紀後半を含めて、将来の歴史家が20世紀全体を俯瞰した時、科学技術の成果が人類史上に極めて大きな転換をもたらした100年であった、あるいは20世紀は、それまでの歴史とは大きく異なる特別の世紀であった、と総括するのではないかと大胆にも想定しています。その大きな転換点とは何か？その未曾有の転換に大きく関わっていたのが、この世紀に起こった科学や技術の進展であり、その成果の実活用による「光と陰」両面での社会的影響の大きさです。

量子力学など基礎物理学の発展と並行して、コンピュータの基本となるトランジスタの発明、レーザーの発見と実利用など枚挙にいとまがありません。これらは新たな産業を興し、新たな働き口を提供して、増え続ける人口を養うことで社会発展に大きく貢献しました。

しかし、同時に原爆など大量破壊兵器の実使用を促進したのも科学技術の力なのです。21世紀に入ってからは、インターネットが広く世界に普及して、産業構造から個人の働き方まで、社会活動の構造を大きく変化させています。

このように、科学技術の持つ力は、これからも社会の変化を先導していく可能性が大きい、ということを意識して欲しいと思います。政治や経済、社会規範などはその後追いで整備されていくのです。

こうした環境下で君たちはいずれ職業を選択していくことになります。そこで私は、君たちに提案したいのが、若い時にこそ「学び方を学ぶ」ことの大切さ、重要さです。

10代、20代に学んで得た基本は、特別の財産として君たち自身の頭、体の中で生涯生き続けるだろう、と確信しています。柔軟性、感受性に優れたその時代の学びこそ、何物にも代えがたい君たち自身の宝物になり、これから生き抜く際に新たに必要となる学習の原動力になります。働いている人を対象にしたリスキリング学習では決して得られない貴重な財産になるのです。

幸いなことに私たちの寿命も延び、働ける期間も長くなりました。若い時にジックリと自らを省察し、鍛え上げていくことをお勧めしたいと思います。これからは従来以上に学習の重みが大きくなる時代であると確信しています。なお、学校を卒業し、既に働いている読者の方にも、ここで示す学びの基本を活かすことは可能だと考えます。ただし、学生より厳しい条件下ですので苦労は多いかもしれません。

いつの時代も将来は不透明であり、将来の的確な予測は難しいと思います。特に最近は情報通信技術やＳＮＳの発達・普及によって情報の伝わる速度が瞬時になるとともに、誰でも世界に向けて情報発信できることで、情報の内容や真偽の幅がかつてとは比較にならないほどに拡大したわけです。そうした情報空間にいる君たちが自分の眼力、判断力を養うことは容易ではないと思います。

かつて私が現役で働いていた時に、子供の将来、進路について相談を持ち掛けられた経験があります。その時、私は「お子様の職業に特定の職種を推奨することはできません。推奨できる根拠が見つからないのです。仮に推奨した職種が一時期当たっても、恐らく永続きはしないでしょう。何しろ変化が速い時代になったからです。むしろ将来にどの様な局面に出会っても、自らで学習し、判断する力を付けたほうが良いのではないですか」とお答えしました。この本には、特定の職種をお勧めする記述はありません、それは君たち自身で決めることだからです。決めるにあたって、君たちの判断に資する知見の学習の重要さと、それへの誘いを目的にした内容にしています。

最近では、政府を中心に「リスキリング教育」の重要性が叫ばれ、政府も多額の予算を用意し推進しています。「リスキリング教育」とは「新しい職業に就くために、あるいは、今の職業で必要とされるスキルの大幅な変化に適応するために、必要なスキルを獲得する／させること」(内閣府ＨＰ)とされています。その意義や必要性を理解する人は多いと思います。新たな専門能力を獲得して新たな職場へ移動する覚悟のある人には追い風となる施策となりますが、同じ会社で永年働くことで年功や退職金の増額を期待する人には、この取り組みは難しくなるかもしれません。「特定の企業で終生働く就社」の慣行を「リスキリング教育」の成果でどのように改めていくのか、関連する他の施策と合わせて、政府や推進する企業経営者の明快な説明を期待します。ただし、政府の施策で後押しされなくても、これからは、自ら次の職への準備、学習が必要な時代になる、と予想しています。

日本では、いまだに文系、理系を分別して高校教育、大学教育が実施されていますが、20世紀の科学技術の進展は、そうした分別を超えた遥かに広い範囲で人々の生活や社会に影響を与えています。科学や技術の進歩が私たちの理解を超えた専門性に支えられている場合が多いので、専門家の皆さんは少しでも人々の理解を深めようと努力していますが、その内容を知らないことへの不安を感じることさえしなくなっている人たちが増えてきていると思います。

たとえ本人が意識しなくても、科学や技術の影響をより深刻に受ける時代になってきている、そうした間隙を縫って、そのリテラシー欠如を利用しようとする人もでてきています。それは詐欺などの犯罪行為のみならず、政治や経済など経世の王道の世界でも生じている現象であり、極めて重大な結果をもたらす恐れがあります。そうしたリスクを避けるためにも、君たちの健全な判断に基づく行動に期待しています。

大学や大学院で過ごす20才代は、基礎を中心に広く学習に努力することを強くお勧めします。何しろ人生は長く続きますし、今や70才代まで働くのは当たり前の時代になっています。むしろ経済的理由により高齢まで働かざるを得ない、と言ったほうが正しいのではないでしょうか。したがって、大学で学んだ知識や経験だけで、その後の職業人生を全うできるわけがありません。学生時代に学ぶべきは、むしろ「学習の仕方」を学ぶことではないでしょうか？

「勉強のできる人」とは、かつては各種の知識の豊富な人を指しましたが、これからは「学習の仕方をよく理解している人」、になっていくのです。その力が、変化する社会へ柔軟に対応できる判断力を育てるのです。

将来、君たちが働くときに様々な課題に直面し、その解決に懸命な努力をする際に、可能な限り課題共通の基本的な捉え方をこの本で提示することで君たちの尽力を少しでも助けることができればさいわいです。

第1章

「学び方を学ぶ」学生時代：相次ぐ選択と「広角の学び」

物心つく幼児の頃から中学生までの間に経験することが、その後の人生観に大きく影響することは間違いない、と思います。その時代に親の理解や指導、支援のもとに豊かな時を過ごせる人と、日々の生活で様々な困難に遭遇し、それを耐え抜いてきただけの子供とは考え方が大きく異なることは容易に想像できます。

しかし、この年齢における子供の経験は、すべて親の考え方、生活の仕方、環境に100％依存しているわけで、本人の意識や努力だけでは、志向する方向への改善は大変難しいと言って差し支えありません。自ら生活環境を変えられる力はないからです。この期間も重要ではありますが、誤解を畏れずに言えば、この期間の経験はできるだけ距離をおいて客観視して、君たち自身のこれからを考えてください。

高校、更に大学や大学院と続く学生時代の約10年間に常に悩むことは、度々「選択」を迫られることです。高校入学の直前では将来の職業を念頭に、普通高校か職業高校かを選択しなければなりません。科学技術に関心の強い人は高専進学も考えるでしょう。普通科であっても理系に進むのか文系に進むのか、分別が行われることが多く、これらの選択は、よほどのことでもない限り本人の意向も反映して行われます。

将来の姿はいまだ漠然としているにもかかわらず、厳然とした選択を目の前に迫られて右往左往した経験のある人は少なくないはずです。一定の年齢に達すると進路の選択を迫る教育システムは多くの先進国でも採用され、各コースに合わせた専門教育が重点的に施されることは理解できます。更なる高等教育（大学教育）での教育レベルにスムースに移行する必要があるからです。いわば「やむを得ない便宜的な仕組み」として大学入試を理解しておくことが大事です。即ちこの時の選択が、将来の職業生活に向けてのすべての教育を行ってくれるわけでもないことの理解です。

授業を通して得た知的刺激がきっかけになって、各人が自分の関心の高いことを自主的に学ぶことも習慣になっていきます。その意味では、教員の教育は各生徒の関心事や考え方を発掘させることに注力し、それぞれの学科に出てくる個別の知識や知見など受験に必要なスキルは、教科書を使って自分で学んでおけ、と言った感じの教育が望ましいと思いますが、最近の高校生は大学受験を最も重視していることもあって、むしろ入試に効果のあるスキル教育が中心になっているのではないでしょうか。学習塾の盛況ぶりを見るとそう思います。

教育には個人の個性を発掘・育成することと、いわゆる生活に必要なスキルを教授する側面の二つがあると思いますが、私たちの頃の学校教育は前者の色彩が濃かったように思います。当時の高校生活を表現すれば「生徒たちがそれぞれの将来の人生の選択に向けて、様々な選択肢を与えることに資するような授業を行った」と言えるのではないでしょうか。それこそ教育の持つ、最も基本的な発想なのです。

生徒一人ひとりには、それぞれ異なる個性と能力があり、それらが活かせるような「機会の提供」に恵まれ、各人が「自らで選択・決定」することが、高校生への最高の教育的な配慮なはずです。提供された機会にどのように反応し、選択するのか、それこそ各生徒の指向と判断であり、それが個性と呼ばれる特徴を表しており、各自自立していく一歩になるわけです。選択肢が多いとかえって選択を迷う、といった意見もあるようですが、高校生時代に大いに迷うこと、その過程で決断を迫られることも大事な教育的要素だと思います。

このように「画一化・集中化しない授業」が、なぜかつては可能であったのでしょうか。当時は、日本の高度経済成長が始まった時期に対応し、多くの国民の日々の生活は質素そのものでしたが、将来の日本がいよいよ発展することを夢見ていた時代でした。漠然とした将来への期待感はありましたが、何が近い将来の花形産業になり、憧れの職種になるのか、全く見当がつかない、的の絞れない時代でもありました。そこで、生徒たちは、自分の関心の赴くままにひたすら勉強に励み、クラブ活動（私はバドミントン部）に精を出して高校生活をエンジョイしていた、というのが実態ではなかったかと思います。

今の時代とは大きく異なりますから、仮に、懐古的にこのような教育を行っても今の生徒は納得できないでしょう。何しろ君たちを取り巻く身近な環境や世界の環境が激変してしまっているからです。これからの時代に相応しい、君たち自身の、新たな学び方を考え出していくことが大事であり、この本が、その一助になれば幸いです。

高校時代に特定の進路を選択しますと、その後に学ばない科目が数多く出てきます。しかし、世の中で働くと、その学ばなかったことが重要な意味を持っていると気づくことになります。あとで記述しますが、職業学科／普通学科、あるいは理系学科／文系学科の区別に関わりなく学んで欲しい基本があります。社会で働き始めますと、あふれる情報の真偽を見分ける、複雑な要因を含む課題への対処のしかた、人と人の関係で考えるべきこと、働く組織や関係先の方々との対応で考える基本など、様々な局面に出会うことになります。やむを得ずに、高等教育で学ぶ機会に恵まれない若い人たちに、そうした考えの基本的知見を提供し、若い時から意識して欲しい考え方として紹介します。

人生１００年時代と言われる中で、若い時に専攻した特技だけで職業人生を全うできる人は、極めて限られているはずです。多くの人は途中で学び直しが要求される局面に直面します。その時に役に立つのが、若い時に学んだ「学習の仕方」であって、「学習した結果」そのものではありません。大学教育がこうした変化に対応して改善されているのでしょうか？真剣な検証がなされる必要があります。

政府は、これからはバイオ、ＡＩ、ＩＴなどが重要になるとし、これらの関係施策に予算を投入しますが、特定分野への注力の前に、若い人たちがこれから直面する社会変化への対応を学ぶ基本的な教育にもっと注力する必要があるのではないでしょうか。

もし君たちに大学へ行って勉強したいという強い意欲があり、かつ経済的な事情が許すなら是非大学へ行くことを勧めます。それは君たちの将来を考える上でまたとない機会を与えてくれるからです。

ただし、在学中に自己啓発の学びと、ある特定のスキル習得を第一義に考えて学生生活を充実させて欲しいと思います。部活やアルバイトを中心に過ごすには、君たちの貴重な４年間の人生及び経済的負担を考えるとあまりにも収穫の少ない学生生活です。私の個人的経験では、教養科目として学んだ教育学、政治学、経済学などが、働く過程で岐路に直面した時に役に立ったとして今になっても印象に残っている科目です。より正確に言えば、これら科目の内容にも関心を持ちましたが、それぞれの担当教官の講義、考え方そのものが示唆に富み、私の思考回路に残ったゆえに記憶に残ったのでしょう。

「人が人を教育するのは、自らの経験の範囲を後継に伝授することにとどまらず、経験できなかった、未知の領域へ飛躍することを期待して行うこと」であり、「したがって教育者は、それを可能とする人間的能力が優れていないといけないことと、常に学ぶことが必要です」、と教えた教育学教官。何しろ受講生が20人足らずの少数教育であり、真理を解きほぐすように一語一語解説していく教官の講義とそれへの学生の反応聴取に対する丁寧な回答を経験して、初めて大学教育の醍醐味を味わった気がしました。

お蔭で教官指定の教科書以外にも教育関係の本を読み、人を教育することに尊敬と大きな恐れを抱くようになったのは、この時期の学習の影響ではないかと思います。

義務教育から高校、大学と進学する、あるいは就職すると従事する対象の的が絞られてきます。進学すれば専攻する学問分野を決めますし、就職すれば一から業務知識を吸収しないといけないわけです。それでも好奇心を持ち続ければ今の主な対象以外にも関心が向くはずです。私の勧める「広角の学び」の原点がそこにあります。

好奇心とは、知らないことを知りたい、と強く思うことです。身の回りの声、教員や親の言葉、新聞やラジオ、テレビなどすべての声の中に君の気持ちを触発する何かがあるはずです。それでもやはり学校の授業、教科書の中に触発される数多くの鍵があると思います。知らないこと、わからないことが次々と出てきますが、「好奇心を持てば知らないことを知ることができるし、知らないことを知ればさらに好奇心が湧いてきます」という循環の習慣が身につきます。この「広角の学び」の習慣を持ち続けるように努力することが、君たちの将来を豊かにするのではないかと考えています。

大学進学率が約50%を超えた日本では、2021年には文科省の調査(3)によれば4年制大学の学生総数が約262万人、教官が約19万人在籍しています。とても大きな人的資源であり、天然資源の乏しい日本が過酷になる国際競争を勝ち抜いて、将来の日本の発展に繋がるように大学で教官は教育し、学生は学習して欲しいと願っています。

ただし、進学率が上昇した21世紀と言っても、約半数の同年代の若者は働くために実社会へ出ていくわけです。その多くは就職希望先や職種が必ずしも自分の思いどおりになるわけでもなく、この時点で「自立への決断」を迫られています。このような若者に比べて大学進学の機会に恵まれたことは、その間に勉強し、見聞を広めて自立への決断に対して準備できる環境にあるわけです。大学へ入ると、日常の中で取捨選択を迫られる局面に頻繁に直面します。つまり、自己決断の機会が圧倒的に増加するのです。選択した後の努力も必須ですが、忘れてならないのは、多くの対象から選択した理由の自己評価です。次に来るかもしれない進路や職業の選択時に必ず生きる自己評価に繋がるからです。

高校、大学で「広角の学び」を行っておきますと、君たちが、将来職に就いた時に「骨太の学び」に進化させていく上で、有効にその知見が活きていくことを実感できるでしょう。就職した後は、その業務に関する知見、課題及び疑問が学びの主軸となります。その学びの過程で、就職前までに学んだ知見が加わって「骨太の学び」に変わっていきます。

君たちが就職しますと、君たちの選んだ職が、社会を取り巻く大きな枠組み、すなわち世界や日本の社会経済、政治などの変遷や文化、科学技術の進展などから実にじわじわと大きな影響を受けることになります。次章からは、その基本的な事項を意識的に学んでいきます。

第2章

変化が加速する21世紀の社会

社会に飽和感が溢れるこの時代こそ、短中期間での様々な変転が生じる可能性が大きいのではないでしょうか。少しでもメリットのある方へ動くのが通常の社会力学ですから。そうした短中期の変転に直面しても、君たち自身の力で乗り越えられるような考えをこれから検討していきます。その前提として社会変転の核となる可能性の大きな要素を学んでおきます。現代の流れを振り返りますと、新技術が出現したのち、政治や社会が遅れて追随する傾向が大きいからです。技術の中味を正確に理解しようとすると、それぞれの分野の専門家でないと困難が多いのですが、それらの技術がもたらす社会的影響は君たちにも及びますから、それに関心を持ち続けることが賢いと言えます。

2-1 社会の変化は科学技術から：その光と陰

高度成長期以降、今までに何か大きな節目になる事が日本に起こったか？実は気が付かないうちに大きな節目を迎えていたのですが、これと言った対応が十分ではなかったのが今の日本なのです。いわゆる「ＩＴ革命」と呼ばれる動きがアメリカで勃興し、世界を席巻し始めたのですが、日本ではその威力の大きさに鈍感であったように思います。

後に詳しく述べますが、それまでの私たちの暮らす世界は、形があり、体積があり、質量があって手に触り、実感することができるものが経済価値を持っていましたが「ＩＴ革命」の最も革命的な点は「姿や形が見えない、実感できない技術」が、新たな事業の仕組を構築して大きな付加価値をもたらしたことです。「姿や形が見えないモノ」ですから、その価値を分かる人と分からない人とに分断されるわけです。そこが「ＩＴ革命」の恐ろしさでもあり、また活用する人にとっては戦略性を持たせる上で好都合なのです。

君たちが文系に進もうが理系に進もうが、科学技術の発達によって、社会が好ましい、あるいは好ましからざる影響を受けるのが現代です。科学や技術の進歩が地球上のすべての人々に便益をもたらす時代ではなく、必ず新たな課題も浮上してくることを認識して下さい。

少し古い事例ですが、原子力発電に使われた基本技術は原子爆弾の実用化と同じです。また、医療や食糧技術の改善があって人間の寿命が大幅に伸びていますが、これは科学技術の恩恵と言って良いでしょう。

他方、3年前に発生した新型コロナウイルスによる死者数は、世界で670万人（2023年1月現在）に上り、世界経済の均衡縮小に伴って会社の倒産が相次ぎ、当事者には予期せぬ大変な失業に遭遇したわけです。各国で感染予防のワクチンや治療薬の研究開発が進められていますが、今のところ「感染を根絶するほどの決定打」となる成果は確認されていません。

これからも科学技術の持つ陽の側面及び陰の側面が、社会に大きな影響を与え続けるはずです。

2-1-1 地球上の競争

現世人類の誕生から20万年の永い歴史で、20世紀になって特異的に変化したのが、地球の総人口です。それに伴って急増したのが消費エネルギーと食糧です。人が日々の生活を営み、社会活動するには食糧が不可欠であり、また、地上で人類が活動するにはエネルギーは無くてはならないものです。この二つの基本的かつ不可欠な要素の急激な変化・増加は、その時代の人々の判断と生活行動に大きく影響してきました。

科学技術の進歩が社会の有り様を大きく変化させた典型例が産業革命でしたが、その後の歴史においても病原の解明、医療薬の発明、トランジスタの発明によるコンピュータの驚くべき性能向上など科学技術の発展が人々の日常生活の大幅な改善、それに伴う社会の在り方を変革してきました。言わば20世紀は、こうした科学技術の進歩発展が最も成果を挙げ、それらが社会へ還元流布することで人々の生活が改善して、どれだけの人口を地球上で養っていけるかの指標である人口支持力が急上昇したわけです。科学技術の成果が人類の福祉に大いに貢献した時代と言えるでしょう。

例えば、日本人の平均寿命は、第二次世界大戦後に大幅に伸び（１９５０年男58・０才、女61・５才：２０１９年男81・４才、女87・４才）、大学進学率も１９５０年代の10％レベルであったものが２０２０年には50％を超えるレベルまで上昇してきました。私の子供の頃は、自家用車を保有できたのはごく一部の富裕層に限られていましたが、いまや多くの家庭で車を保有しています。こうした生活環境に到達したのが20世紀末であり、今の若い人たちが生まれた頃のことです。生活環境の向上の源は科学的発見による知見を技術が活用したことによって広く世界に、社会に普及することによって成し遂げられてきたわけです。

ただ、科学技術の進歩は、同時に様々な新たな課題を発生させてきたことを忘れてはいけません。最もわかりやすい例は、戦争の大規模化に伴う戦死者の急増であり、身近な例では公害の発生などです。近代の戦争について言えば、領土拡大を目指した国外侵略戦争の勃発があります。1914年勃発の第一次世界大戦では約900万人、1941年勃発の第二次世界大戦では6000万人以上の人々が犠牲になったと伝えられています。また、人類史上初めて使用された広島、長崎への米軍による原子爆弾の投下によって一瞬のうちに殺害された人は広島市で約14万人（広島市HP）、長崎市で約7・4万人（長崎市HP）と推計されています、その後も後遺症で亡くなった人が多数でています。

ところで、第二次世界大戦後に米ソを両極とした冷戦が続きましたが、東西ドイツを分割していたベルリンの壁が崩壊し（1989年）、この冷戦構造も激変しました。しかし、21世紀に入って、中国の経済力が急成長すると、世界の覇権をめぐるアメリカと中国の競合が顕著になり、時には軍事的緊張をもたらすようになってきました。言わば新たな冷戦の勃発と言えるかもしれません。国相互の競合、敵対関係の直接の原因は、権力者たる国の指導者の考え方に起源があります。すなわち、国内状況の異なる相手国に対し自国民の利益を結び付けようと要求する権力者の政策運営が、国間の競合を招くわけです。地球上の付加価値は有限ですから、このような国間の競合、敵対関係は、残念ながら未来永劫に続くと想定されます。先端技術の集積である最新兵器に執心する政治指導者の考えが対立をあおっており、技術の成果を使いこなす人類の知恵が政治家によって技術の新たな陰を生み出しているわけです。

敵対する国に対処する時に、政治指導者が必要とするのは、国民からの支持です。その支持を獲得、確保するにはその国の経済力が極めて重要になります。何故なら経済力は、政権の支持基盤である国民が日々感じる生活の満足度に深く関係していますし、その国の軍事能力を支配している大きな要因ですから。経済力が乏しければ軍事装備もままなりませんし、軍人の育成や確保も十分できません。技術力をベースにした産業競争力がさほど強くないロシアが依然として軍事大国であり続けられるのは、石油や天然ガスなど天然資源を豊富に持っており、それを原資に武力を整備しているから、と言われています。

ところで軍事能力整備の原資となる経済力は、原則は自由競争ですので、強い国が勝つことになります。その経済力を制御できるのは、これまた政治であり、国民の判断なのです。

こうした現状を是とするわけではありませんが、現実を無視しての楽観論は全く意味をもちません。

国間での競争が激しくなってきた一つの大きな原因は、人口を支えるのに必須な食糧やエネルギーが有限であること、したがって、それらを如何に自国に有利に確保するか、それによって国民の満足度を上げ、結果として自らの支持基盤の強化に役立つことが各国の政治の基本的な課題であり、政治家の手腕の見せ所になっているからです。制約がある中で産業などの社会活動の成果として、国民へ富として還元する必要があります。その代表的な指標が賃金のレベルや国民一人当たりのＧＤＰと言われる値です。因みにＯＥＣＤ（経済協力開発機構）の統計でも、先進国の中で過去30年間に働く人の豊かさを支える賃金が上昇していない国が日本なのです（４）。

地球上で生じている普遍的に重要なことは「地上の物、人、自然ほかすべてが時間経過とともに劣化する」という事実です。そして最後は地球の土壌にかえっていくことが歴史なのです。したがって人間も老化すれば健康に不具合が多発しますし、道路、橋、建築物など社会インフラもすべて劣化していくのです。その劣化を食い止めないと現在の生活水準さえ維持できなくなります。

劣化を食い止めるには、人間でいえば治療・手術、インフラでいえば修繕を行わないといけません。そこには多額の費用が必要になってきます。つまり生活水準を今以上に向上させることを願わなくとも、将来必要となる治療費、修繕費を今のうちに稼ぎ、蓄えておく必要があるのです。

経済成長とは、個人としてはそれぞれの実質的な給料が増え、将来の老後に備えて貯金しておくことが可能になることです。国家としては実効的な税収入が増えることであり、増えてくる高齢者の社会保障や児童、幼児の生活・教育環境整備や道路、橋などの社会インフラ修繕費を充当できる状態にする必要があります。

環境負荷の増大への懸念から「経済成長はもう必要がない」という人も増えているようですが、現在の生活水準を維持し、かつ将来に備えた費用を蓄えるには、「成長は不可欠」です。経済成長と聞くと、今より贅沢な生活を目指している、と誤解されることが多いのですが、今の生活水準を維持するためだけでも必要な条件と言えます。

しかし、同時にこのことが他の国、他の人との競合や軋轢を生む基になることも事実です。こうした複相的な課題へ正面から向き合って対処していく機会がますます増えるのがこれからの時代ですから、それに相応しい学び方を習得していくことが必要なのです。

地域間あるいは国家間の競争について事例を挙げて記述しましたが、もう一つの地球上の競争についても触れないわけにはいきません。

その競争とは、同じ国内にて発生する競争であり、いわば国民間競争というべきものです。国民間での貧富の差は、最近に始まったことではなく、近代社会になって、中央集権が進むにつれて社会制度が整備され、経済成長が進展するに伴い生じた経済格差が起因しているのです。

国民の豊かさについていえば、最近特に顕著になってきた大きな課題が「富の分配」です。「経済格差」と呼ばれる個人間の貧富の格差です。しかもこの格差が、当事者である親の世代の格差にとどまらずに、その子供に承継されている現実に、心ある人々が、その深刻さに警鐘を鳴らしているのです。

国民の所得の分配状況を示す統計の数値としてジニ係数（0～1の間で示す分配の指標を示す値）が用いられることが多いようです。0ならすべての国民の所得が同じであること、1なら一人がその国のすべての所得を独占している状態を表します。1990～2017年の日本のジニ係数推移を見ますと（平成29年版厚生労働白書、厚労省HP）、この値が増加する傾向にあります。ただし、税金や社会保険料を徴収した後の可処分所得では初期所得のジニ係数より下がっていますが、OECD諸国の中では高い、つまり所得格差が大きい方です。現実をみれば、国内での国民間の富の偏在が最近では急速に顕在化して、大きな社会問題になっています。アメリカ人のジャーナリストであるニコラス・クリストフ氏著『絶望死』(5)によれば、ジニ係数の高いアメリカでの経済格差が個人の努力の限界を超えて広まってきている厳しい現実があることを示しています。

産業革命から第二次世界大戦後の高度成長期にわたっては、科学技術を基にした経済発展が多くの仕事を産み、働き口を増やすことで地球上の人口支持力を上げることができたわけですが、これからの産業に大きな影響を与える「ＩＴ革命」は果たして同じような効果を社会にもたらすでしょうか？ ＡＩ、とりわけ最近登場した生成ＡＩであるChatGPTやロボットなどは、利益を生み出すことを目的にし、かつ、利害を共有できる企業内のそれぞれの組織などでは、従業員の削減や非正規化による人件費の合理化を目的に導入する可能性があります。同じように事務効率向上を狙って生成ＡＩを活用する公的機関も現れるでしょう。生成ＡＩの効能やリスクの知見を有して積極的に活用する人たちと、その仕組みに従って働く人との間にはリテラシーの差による経済的な格差が生じる可能性があります。

技術はこれからも競争の中でそれ自体は「進歩を繰り返し」ますが、その技術成果が人々に新たな職業、福祉を提供していくのかどうかを見極めていく必要があります。後に説明しますが、技術単独の進歩を表すアウトプットと、その社会的影響を評価したアウトカムに分けて考える必要性が今後は益々強くなっていきます。

2-1-2 鍵を握る三つの技術分野

これから紹介する技術分野は、何らの形でこれからも世の中の動きに大きな影響をもたらす可能性が大きいという意味で取り上げています。特に技術の進歩の先に期待される社会への普及や産業としての基盤確立については、様々な側面があることに気づいて欲しいわけです。科学の進歩や技術の発展はこれまで人類の幸福、新たな仕事の創成などに大きく貢献してきましたが、これからは、例えば環境との整合性、人権や人格など基本倫理との調和性などより高度な親和性を確保することが必要になってきます。

現在の地球上の総人口は約80億人（World Population Prospect 2023）ですが、インドが14億人超に増加して世界で最も多くの人口を抱える国になっています。2位の中国は前年比減少ですが、依然として人口大国です。続くのがアメリカで、それ以下の10位までには、インドネシア、パキスタン、バングラデイシュ等のアジア諸国及びナイジェリアやコンゴなどアフリカの国々が含まれています。アジア、アフリカの人口増が予測されるのに対して、日本は人口減少を続け、２０５０年には約９５００万人（国土交通省ＨＰ）と推計されています。

人口の話題に唐突な感じを持つ人がいると思いますが、実は人口は、国の仕組を前提にしたときの国力の源泉と考えられており、人々が働き生活していくには、食糧やエネルギーに加えて働き口が必須なわけです。地球上の付加価値は有限ですから発展途上国の人口増は当然なこととして日本を含む他国への影響も避けられないわけです。さらに50年後の２１００年には世界の人口は１０３億人まで増加すると推計されています。このような長期的な（と言っても君たちの人生のスパン内です）大きな枠組みの変化も頭に入れて技術進歩を考えることが重要なのです。

(1)　サイバー・デジタル技術（Cyber/Digital、略して本書ではCD技術）

後に記述する二つの技術、すなわち地下資源（石油・石炭、原子力）利用技術、遺伝子操作技術と比べてサイバー・デジタル技術は全く異なる顔を持っています。

私たちがこれまで生きてきた「リアルな世界」は、概括的にいえば「物質」と「エネルギー」で構成されています。物質とは、重量や体積があり、固体、液体、気体として存在しているものです。他方、エネルギーとは、仕事をさせる能力とでも言えるものです。熱、機械、音、電磁波、原子力ほかなどが知られています。

ところが、CD技術は質量もなく、体積や目に見える形もなく我々は手に取って眺め、実感することができないものなのです。つまり「リアル世界」と「サイバー世界」は対極の性格なのです。しかしながら、世の中の社会、経済活動とは深いかかわりを持ち、それの機能や作動が人間の世界に大きな影響を与えることになります。

扱う技術対象に形、質量があれば、肉眼、望遠鏡あるいは顕微鏡などを用いて誰が見ても同一に共通した認識を持てるものです。共通認識を持てることが、言わば科学のみならず人々が意志決定する上で極めて重要な要件です。しかし、CD技術はそれらとは異なり、形も重さもなく姿も万人に共通して見えることがないものです。そうしたものが現実の世界にある形で接触し、影響を与えるのであれば、扱う当事者はよく分かっていますが、周囲の人々には全く見えない不気味さがあります。この意味でも人間社会がこれまでに全く経験しなかった新しい世界が実現してきているのです。現実の社会活動との接点は「CD技術が社会活動の仕組みを作る」ことを通して生じるものと考えられます。

政府や役所が「IT技術を活用して、業務効率を格段に上げましょう」とCD技術の効用を盛んに喧伝しています。ＣＤ技術の効能の極一部を言い当てていますが、ＣＤ技術のポテンシャルはその表現より遥かに大きなものがあります。君たちには、サイバー・デジタル空間の大きく新しい世界をぜひ見て欲しいのです。ここでは最も基本的なことを記述しますので、その先はぜひ自ら学んで欲しいと思います。大事なことは文系や理系に関係なく「すべての人にとって新しい世界」なことです。

歴史上これまでは、いわば「形や重さのある物を見て、触って対処する」実空間（サイバー空間に対応してリアル空間という）の中で人類は活動し、様々な価値（経済的価値、文化的価値ほか）を創成してきたわけです。直感的にわかりにくいサイバーですが、要点を衝いた解釈をご紹介します（Cambridge Advanced Learner's Dictionary）

Cyber=The Internet Considered as an IMAGINARY AREA WITHOUT LIMITS where You can Meet People and Discover Information about any Subject

最も本質的に重要な点は、大文字（筆者注）で既述したように制約なしに世界の情報を発見、共有できることにあります。例えば、ＧＡＦＡ（Google, Amazon, Facebook, Apple）と呼ばれるアメリカのＩＴ企業及びMicrosoftを見てもわかるように、一私企業なのに国家という枠組みを越えて、あるいは国境を越えて商売を展開できるのがサイバーの実力なのです。

リアル空間では、一企業が通貨を発行することは認められていませんが、仮想通貨は国家の独占的な法定通貨に並ぶ機能、例えば支払いなどの権能を獲得できるわけです。

各国の政府という公権力がなければサイバーの世界のみで経済を回すことも可能でしょう、つまり公権力という人為的な制御機能が発動されなければ、サイバー空間ではあらゆることが可能な世界なのです。これは、人類がこれまでに経験したことのない、全く新しい世界です。ＧＡＦＡらの「国」は「プラットホーム」を構築して事業展開しており、インターネットさえ繫がっていれば、すべての地域は、国を問わずすべてが事業の対象範囲なのです。

コンピュータ上で人間の知能を再現することを目的にしたＡＩ（人工知能）の研究も急速に進み、最近では「近いうちにＡＩは人間の知性を超えるのではないか」などと問題提起されるようになってきました。こうした主張の嚆矢というべきはアメリカのエンジニアであるカーツワイル氏⑹でしょう。それによれば２０４５年にＡＩは人間の脳の活動能力を超えるとされ、その時点をSingularityと呼んでいます。ただし、注意深く彼の本を読めば、その時点は、計算機の扱える情報量とその処理速度が脳のそれを上回ることとされており「人間の知性を超える」とは定義されていません。しかし、ＳＮＳなどではあたかも「人間の知性を超える」などと喧伝されており、ＳＮＳ上の情報が混乱を招く恐れがあります。知性を超えるには予知力や創造力が重要ですが、ＡＩはそれらを生み出すでしょうか？

最近出現した生成ＡＩであるChatGPTは、ある問いかけに対して、過去の知見をまとめて直ちに文章化して回答することで大きな注目を集めています。これなどは、大規模な言語モデルを高速に処理できることによって出現したものと言われています。ただし、そのアルゴリズムが開示されない限り、どのようにして集めた情報をどのような優先順位で価値判断したのか、などの基本的な正確さや信頼性が乏しいことには注意が必要です。しかも、この仕組みを使う人が増えれば増えるほど、この仕組みに役に立つ情報が集約されますから更に増殖していくことになりそうです

ＣＤ技術の発達、普及によって、私は「支配する層と支配される層との分断化」が更に促進されることを恐れています。サイバー・デジタルの世界では「仕組み」を通して現実の世界に影響を与えますから、経済的な富をかき集める「仕組み」に乗った人は富裕になる割合が多いのですが、そうでない人々はこの「仕組み」から外れることになるからです。

日本のＩＴが遅れている原因は、サイバー・デジタル空間の持つ力、それから生み出せる付加価値の大きさ、拡がりについて深い理解が進んでいないことがそもそもの原因ではないかと推測しています。

私たち日本人は、目の前にある、具体的なモノを何よりも大事に扱い、渾身の力で美しいもの、高機能なものを作り出す伝統文化を持っています。いわゆる「モノづくり」の原点にある考え方です。この考え方は、CD技術の「仕組み」の世界とは全く別の考え方です。「モノづくり」尊重の考え方が私たちのサイバー・デジタルの理解を遅らせている可能性がありますが、改めて検証してみたい課題です。

天然資源が乏しく、加工貿易に活路を見出さざるを得ない日本にとって、多くの天然資源を必要としないサイバー・デジタル空間の開発や活用は新たな産業振興の格好な対象でしたが、残念ながらアメリカや中国に先を越されています。しかし、この分野のポテンシャルは大きく、君たちにもぜひとも理解を深めて欲しい分野です。

CD技術によってどのような新しい世界が世の中に出現してくるのか、その可能性を掘下げていくことが重要です。想像が創造への第一歩です。CD技術が生み出す世界の多様性、その急速な進歩は、コンピュータ能力の格段の発展による新しい事象で、顕在化したのは21世紀に入ってからのまだ新しい価値創出の世界であり、それを活用した応用展開も新しい。君たちもぜひ基礎から、サイバー・デジタルの持つ力、ポテンシャルを学んで欲しい。繰り返しますが文系、理系は全く問わず新しい世界の出現として取り組んでください。

この技術がどのような「仕組み」を構築できるか、そのことによって生み出すことのできる「付加価値」を共有した上で、技術構築に不可欠なコンピュータシステムのソフトウエアシステムやそれを駆動するプログラムを学ぶと、より効果的でしょう。そこにはもちろん技術要素やスキル要素が多々ありますが、必要があれば、そうした能力も持つ人々と協力することでも自分の考える世界を展開できます。私たちの思考でより明確にしたいのが、どのような姿を実現すればそれが新しい「価値」創出になるのか、他の人にその姿の中味を話ができるように具体的にすることだと思います。

ＣＤ技術を活用して、従来に無い新たな世界の具体例を以下に見て、君たちが将来に創造する世界のヒントにして欲しいと思います。

①　ＣＤ技術が可能にした産業構造の変革

20、30才台の日本人ＩＴ起業家で年収が数億円を超える人も少なくないようです。更に彼らは若手エリートとして、時代の寵児として扱われたりしています。若手が憧れる職業として意識するのもよく理解できます。

しかし、ＣＤ技術がもたらした世界の変化はこうした時代の寵児を誕生させたことばかりではなく、基本的な産業構造を変え、換言すれば産業の発展についてかつての考え方の変革を迫る、重い課題も我々につきつけているのです。こうしたサイバーの持つ顔を改めて振り返ってみましょう。１９８０年代に日本との貿易戦争で押され続けていた時点に、新たな産業創成を目指していたアメリカの中から生まれてきたのがいわゆるＧＡＦＡと呼称されるベンチャー企業（いまや大企業）群であったわけです。

世界の経済価値（例えば企業の株式の時価総額など）のランキング上位に現時点で位置しているのがＧＡＦＡ等のＩＴ大企業です。企業の経済価値が飛び抜けて大きいだけではなく、ＣＥＯたちも驚愕の報酬を得ているのです。こうしたＩＴ企業の特徴をいくつかの断面から考察してみたいと思います。

経済活動を大きくするにはどうしたら良いでしょうか？財（物、サービスなどの付加価値）が人から人へ移動することが経済活動です（それに伴ってお金も動く）。それを大きく活発にするには、単位時間でより多くの取引を行うことであり、もう一つはより広範囲に取引を広げることにあります。実際、２０００年以上も前に古代ローマと中国を結ぶいわゆるシルクロードが開拓されて商人が東から西へ、また西から東へとそれぞれの特産品を運び、売り捌き、経済発展を支えてきたのです。「財の移動」が重要な役割を果たす証拠と言えるでしょう。

この時の財とは形のある物でした。天然資源の乏しい日本は、これまで加工貿易と呼ばれる外国との通商を行って経済を繁栄させたのが高度成長期でした。加工貿易が重要との基本構造は今も変わっていません。もともと資源の乏しい日本にとって、財を生むのに原料を輸入する必要のないＣＤ技術を世界に先駆けて発展させて経済活動に応用できていれば、加工貿易の呪縛から解放される大きな機会であったわけですが、残念ながら外国に追随する立場になってしまいました。

こうした昔の歴史も念頭におきながら、例えばAmazonの事業例を見れば特長がわかります。同社は、顧客が海外へも行かず、デパートへも行かずして世界の様々な商品を購入する仕組みを構築し、それを世界に展開して今日があるわけです。まさにそれまでの商売の仕方に革命を起こしたのです。最も同じ業種の複数の企業を同じ土俵で相互に価格や品質で競わせているので顧客には大変便利な仕組みですので大いに流行ることになります。何か個別の新製品を開発し、それを市場で売り込む通常の企業とは異なり、Amazonは市場に彼らのビジネスモデルをプラットホームの形で提供し、収益を挙げています。

また、日本で最近特に伸長しているのが電子書籍です。紙に印刷した書籍の売り上げは年々減少しているにも関わらず、電子書籍は、2021年の販売額が対2014年比約4倍と大幅に伸び、出版物全体の販売額の約28%を占めるに至っています（出版科学研究所HP）。この分野でもAmazonが先頭を行っています。一定の要件を満たせば、各著者の責任の下で、誰でもAmazonの仕組を利用して本を出版し、世に問うことができます。

これまでは書籍を世に出すのは、原稿準備はもとより、編集者の理解と同意、校正者による原稿の文言校正などの専門家の手で修正が加えられて初めて可能になります。最終的には出版権を有する出版社の判断、責任で世に出るわけです。発行する書籍が売れることで収益を確保している出版社は、売れそうな著者を探して執筆依頼するのがこれまでの出版の仕組です。

ところがAmazonの仕組みでは、誰にも何の選別も受けずに無名の個人がインターネット上に自らの書物を世の中に開示、宣伝できるのです（電子書籍）。記述内容にAmazonが責任を負うこともなく、読者も自らの判断で記述内容を受け取る必要があります。SNSと同じように一般の市井人が世に自らの考えを発信できる場ができたことは、個人の活動範囲を「革命的」に拡げる変化と言えるかもしれません。

「モノづくり」に強いこだわりを抱いている日本人には、このような商売の収益確保に何かスッキリしない感情を抱いている人も少なくないと思われます。企業ですから儲からないと社員を雇用して、事業を持続的に経営していくことが難しくなりますから、事業の収益の源泉を理解することは極めて大事です。この事業の収益の源泉は、一言でいえば手数料です。電子書籍であれば売れた冊数に応じて、著者が所定の「手数料」をAmazonに支払い、それがAmazonの売り上げであり、収益の基になるわけです。

ＧＡＦＡの共通点は、その巨額の収益を支える基本の仕組、ビジネスモデルが「寡占」型であることとです。「寡占」を世界的に続けますと、その影響下にある多数の人々の各国政府は、かれら企業の活動に制約を加える可能性が大きくなります。よく知られた例は、中国のＩＴ大手は政府の支配を受けつつも14億人いる国民の巨大な市場を寡占できることで巨額の収益を確保しているということです。ただし、ＧＡＦＡのような寡占型企業がこれから先、長い間トップに居座り続けることが可能か、は不明です。現在開発が進められている「自律分散型」のインターネット上のビジネスモデル（WEB3.0）等の進展にも注目しておく必要があるでしょう。

以上、いくつかの例を見てもわかるように、個人が世界の人々を相手に「何でも発信できる」機会が訪れたわけで、これは過去の人類の歴史に無かったことです。

② 個人の活動範囲の世界的な拡大

ＣＤ技術のポテンシャルを活用した働き方の改革に通じるのが、独立系フリーワーカーとして自らの専門能力を武器に個人事業主として働くことです。特定の企業や団体に雇用されることなく、個人として仕事を請け負う、売り込む働き方です。本業として開業を届け出て本格的に個人事業主として活躍する他に、副業で収入を得る方もおり、両方を含めてフリーランスと呼ぶことがあります。

特に、プログラマーなどＩＴ系、事業コンサルタント、ライター、デザイナー他など高度な専門能力の活用で活躍する人が増えてきているそうです。個人の才能が発揮でき、インターネットさえ繋がれば働く場所は問わないわけです。正にインターネット誕生の力によって働き方や職業の社会変革が起こりつつあるのです。旧来の個人商店は近隣の人々を相手にした商売でしたが、同じ個人事業主であっても最近では、顧客とその業務目標さえ決まっていれば全世界を相手に仕事ができるのです。ここでいう目標とは、それを達成することで経済的な報酬がもたらされることです。かつてのように決まった場所、決まった時間に出社する必要のない仕事をどこでもこなせる時代です。

個人事業主ですから、専門能力以外に経営能力も必要になります。企業や団体から業務を請け負う際には、発注側と受注側とにある事業規模の差が受注条件を不利にする恐れもあり、経営には気を使うことが多い、と聞いたことがあります。以上の例の他にも外部資源を活用する際に、様々な角度から検討を加え、適切な決断を行うには、幅広い知見に基づく判断力が必要です。すぐれた個人事業主が数多く出てくることで、旧来の「会社員」に代わる新たな働き方の時代が到来することを期待したいものです。

問題はこれだけ広がった活動領域をどうやって活用すれば良いのか、アイデアの優劣が勝負になってきました。新たに創造した商品として自負してインターネット市場で販売しても、情報の拡散が早い現在では、競合する相手や企業から間をおかず似たような商品が出品される場合が少なくなく、互いに激しい争いになります。

それほど市場での競争は熾烈なので、競争力を確保することは決して容易ではないのです。競争力とは、一言で片づけられないほど様々な要因で構成されていますので、顧客への訴求力を高めるには何を重点に改善することが最も重要なのか決断、実行することが必要です。

そこで自社商品の販売拡大を狙う企業は、多くの消費者に自社商品の購買意欲を喚起するように宣伝や広告に多大な注力を注ぎます。Amazonの事業形態を前にみましたが、インターネットの普及で大幅に増加しているのがネット広告料です。GoogleやFacebookは獲得する広告料金が大きな収益源と言われています。スマホを操作すると次々広告があふれ出てくる日常を経験するのが現在です。そうした流れで新たにフリーランスとしてYoutuberなども台頭してきたわけです。これだけ広告が広告主の利益に繋がっているということは、裏を返せば広告しないと売れない時代になってきた、いわば飽和状態を示しているとも言えます。飽和社会特有の現象が広告宣伝の増大であり、それに伴って動く資金量です。

最近では新聞や雑誌の広告収入は減少し、代わってネット経由の広告や動画宣伝に使われる資金が増え、初めてインターネット広告費が他のマスコミ系（新聞、雑誌、テレビ、ラジオ）広告費を超えたのは2021年でした(7)。広告費がこれからどれだけ伸びるか予測できませんが、改めて考えますと、広告に掛かるコストは最終的には消費者が気の付かないうちに価格への上乗せとして負担しているのです。

以上、いずれの場合にも、個人の判断と責任でことを決める仕組みですので、幾重もの専門家の判断を経て世の中に発信されるこれまでの情報とは全く異なる経路をたどるのです。したがって、これらの情報を受け取る側は自らの判断で情報内容の理解をし、同意または不同意の決断も自らの責任で行うことが求められています。

このようにインターネットのポテンシャルと取得した情報の理解のリスクの大きさは驚く

べきものがあります。この驚きを若い人には是非理解して共有して欲しいと願っています。先に紹介したサイバーの英文辞書に記述されている「制約がない」「自己責任」の世界が実現されてきたわけです。それに対処する上で、学びによって獲得した君たちの健全な判断力こそが武器です。

君たちの学歴や職歴がどうであっても、これからの社会生活の中ではサイバーやデジタル技術の影響から抜けることはできません。インターネットは各人の活動範囲を大幅に広げたわけで、今後はその効用をどう活かすのか、アイデアの勝負です。過疎の地方に立地する小企業が、独自の商品を世界に輸出して事業を拡大している例がメディアで紹介されていますが、これなどは、インターネットの最も賢い活用法でしょう。別に日本に居住している必要もないのです。君が働きやすい、生活しやすい国を選ぶ時代になってきたのです。過疎で身近に顧客が少なくても世界で顧客をつかむこの事象は、20世紀には想像さえできなかったことです。

この時代の勝負はその商品（モノだけではなくサービスも含む）が世界の中でも優れ、広く顧客に受け入れられることです。君たちが有名大学を卒業して仮に将来大企業に就職しても、やはり世界を相手に競争力のある商品の創出を会社から常に要求されるでしょう。うかうかしていると他社が競争力ある商品を市場へ提供し、自らの商圏を崩されかねない時代になっているからです。競争相手が世界中にいるし、また客が世界中に存在していることを実感、実現させたのがインターネットなのです。

注意を繰り返せば、CD技術をベースにした今流行りの事業は、基本的に計算機の能力を活用した「仕組み」のビジネスですから、新たな「仕組み」が登場すればたちどころに今の「仕組み」が代替される恐れがあります。言い換えれば自らの人生を通してずっと同じ「仕組み」が持続するとは考えられない、いま隆盛を誇っているCD技術を活用した企業がそのまま長期間にわたって繁栄を持続することは恐らく難しいでしょう。繁栄を持続させるには、常に新たに価値を産む「仕組み」を創出し構築していく必要があるのです。

今では様々な検索エンジン、代表的なGoogleなどで検索しますと膨大な量の検索結果がただちに表示されます。PCやスマホ画面に表示された結果を見るのは、多くの人は恐らく最初の数ページでしょう。それではこの表示の順番はどのように決まっているのでしょうか？それも知らずに表示の順番の初めを見て「理解したつもり」になっている場合が少なくないのです。

この表示の順番はその検索エンジンにどれだけの人がアクセスするのか重要な「価値」に

直結しています。考えてみれば、人工物の情報の中から探し出した検索結果を、その掲載順位の判断基準も知らされずに検索エンジンの言いなりに「理解している」今の状況も情報提供側に何らかの意図があるとすれば恐ろしいことです。私たちは、容易に無意識の下で選択誘導されていることになります。「仕組の社会」では特に意識する必要があります。

したがって、こうしたＣＤ技術の世界に精通する能力の醸成も大事ですが、なによりも20世紀とは様変わりした事業の構造で何が価値を生むのか、避けるべき最大のリスクは何か、この考え方を基にその答えを出すことが本質的に重要です。後に「価値」について改めて検討しますが、一定の流れに乗ることばかり考えますと、改めて「価値」とは何かと問われても容易に答えを案出できないのです。日本のＩＴが世界に遅れている、と屡々《しばしば》語られますが、私はむしろ「価値とはなにか」という問題を私たちが考えることに遅れをとっていると考えています。

(2)　遺伝子操作技術

20世紀の最大の科学的、技術的成果は、生体を構成しているＤＮＡの構造解析に端を発した、その構造を操作できるＤＮＡ編集技術、遺伝子組み換え技術などのバイオ分野にあるのではないか、と思います。何しろ地球上の生物の有り様を人工的に意図的に改変できる技はこれまで存在していなかったわけですから。単にバイオ分野の科学技術成果に留まらず、政治経済から人間倫理にまたがる実に広範囲に影響の及ぶ基本技術と言えるでしょう。その影響の端緒となったＤＮＡの二重らせん構造を明らかにした研究にノーベル賞が授与されたことは当然です。

ところで、遺伝子組み換え作物の商業生産が１９９６年に世界で始まり、年々栽培面積が拡張され、作物の生産量が増えてきているようです。日本国内での利用も政府が安全性を確認した物が少しずつ増えているようです。世界では商業生産が解禁されてから既に約30年経っていますが、日本では、遺伝子組み換えの取り扱いが限定的に認められている状況です。しかし、作物そのものではなくても、それからの加工食品、例えば、ダイズからの醤油やトウモロコシからのコーン油など、政府の安全性の評価（食品健康影響評価）を受けて市販が認められているものがあります。また、家畜の飼料は、殆ど輸入品ですが、政府によって一定の条件の下で輸入や国内での利用が認められています。以上のように私たちの食卓には、その個々に承認を得た遺伝子組み換え作物が既に提供されていることになります。それでは、その消費量はどのぐらいあるのでしょうか？遺伝子組み換え食品の消費量を示す、わかり易い情報を見つけられていませんので、一例として民間業者の集計を参照します（バイテク情報普及会ＨＰ、なお同会は遺伝子組み換え作物を推進する外国企業（Syngenta, Corteva, Bayer, BASF等）で構成される任意団体）。それによりますと「日本人が1年間に消費する遺伝子組み換え作物の量はコメの年間消費量（約８００万トン）の約2倍以上に相当する」ということです（同会算出の推計値）。消費者としては、食の安全性に最も強い関心があるのは当然ですが、遺伝子組み換え作物の中には、耐害虫や耐除草剤特性などが改善された作物もあって、農業の生産性が改善される効果があると言われています。

先に見たように、２１００年には約１０3億人に増加する地球上の人口に食糧が行きわたるのか、現在でも既に大きな課題になっています。発展途上国を中心に、今後の人口増に伴う食糧不足の深刻化を懸念する声が広がっています。特に人口増の激しい東南アジアやアフリカは、作物育成には厳しい自然環境にあり、農作物の自給が難しい地域です。そうした厳しい自然環境の中での農業収穫を改善するために、耐環境性に強い作物を遺伝子組み換え技術で生みだすことに尽力しているのです。

遺伝子組み換え作物を積極的に推進している外国の農業団体や企業からは「遺伝子組み換え作物を導入することで世界の人口増に伴う食糧不足を補っている、あるいは農業の生産性向上をもたらし、農家の収入が増加している」などの前向き効果の情報が発信されているのです。この情報が真実であるなら安全性と合わせて更なる検討の進捗が望まれるわけです。君たち自身の課題認識をベースに、この分野の展開や専門家の著述には、関心をもって自ら学習して欲しいと思います。

遺伝子操作の基本は、標的のＤＮＡを分離し、狙いとする生物や人へ導入し、そのＤＮＡを増殖させることを目的にしています。したがって、様々な生物への応用が検討され、医薬品などでは既に実用になったものもあります。人間に適用すれば遺伝子医療ということになります。がんや心筋梗塞などの生活習慣病に罹患履歴のある親を持った子供たちの、それら疾病の遺伝性を検査するビジネスが始まっています。更に積極的に治療として適用する場合も既にいくつかの事例で日本でも認可されているようです。医療の分野での研究の意義は「先天的な病的異常を抱え、苦しんで生きる人が出ないように、遺伝子を健全な姿に改変すること」にある、と言われています。これまで人為的にできなかった事が出来るようになった意味では「画期的」と称賛されることも理解できます。

しかしながら、遺伝子治療そのものが開発途上であることから、この治療法を希望する人や患者に向けた注意喚起が公表されています（例えば日本遺伝子細胞治療学会ＨＰ）。その意味では一般的な治療法とはまだ言えない状況でしょう。ただし、人間の倫理上の課題への理解促進も進められ、これからも進展していくことが予想され、医療当事者でなくとも注目すべき対象です。

遺伝子工学のポテンシャルは、生物の設計図に相当する遺伝子を自在に操作できる可能性を持っており、いわば将来の生物や人類の生体機能に対するアプローチが大幅に広がったことに、その大きさが象徴されます。

人間への遺伝子組み換え技術の適用などは、人為的かつ意図的に遺伝子や細胞の構造に操作を施すことによって特定の人間にとって望ましい遺伝子に改変させることを目的にしているわけです。しかし、手放しで賞賛できる知見かと改めて問われますと、私は極めて慎重な検討が必要だと考えます。各個人の個性ある一人の人間の尊厳の問題と照らし「光と陰」の両面の顔が議論の対象になるはずです。これからも科学による新発見や医療技術の進歩が予想でき、社会的影響も大きいので是非とも関心を持って欲しいと思います。

⑶　地下資源活用技術

上記⑴⑵はいずれも最近になって急速に発達してきた、社会的影響の大きい技術ですが、ここで取り上げる地下資源利用技術は、これまでの活用の歴史の長さの点で大きく異なるものです。しかし、これからも社会の中で「光と陰」を伴いながら、なお影響を持ち続ける可能性が高いので、ここで取り上げています。

石炭、石油及びウランなどの地下資源は、これまで有効活用されて社会の発展、仕事の創成、人々の生活向上などに大きく貢献してきました。しかし、最近では地球温暖化の主因として石炭、石油の使用が抑制される流れになり、また原子力利用では核兵器への忌避のみならず原子力発電所の安全性への疑問が膨らみ、忌避する動きが顕著になってきました。

石炭・石油利用と原子力利用では技術要素は大きく異なりますが、新エネルギーや他のエネルギー源を比べますと共通点も多いのです。共通点は以下のとおりです。

・地下からの採掘で身近なエネルギーとして存在
・単位質量当たりの発生エネルギー量が大きい
・エネルギー発生を人工的に制御可能、したがって、安定した社会インフラの役割を果たす
・集中的なエネルギー管理がしやすい
・以上の特徴は今後の発展が予測される国々への技術移植を有利にする

最近では走行中にCO_2を排出しない電気自動車が急速に普及しているようですが、そこで

利用する電気はどのようにして得ているのでしょうか？ 地下資源由来（石炭火力発電など）の電力であるなら、いわゆるクリーンな電気とは言えないわけです。日本の場合、大胆な仮定の下に計算すると、一定距離を走行するのに必要なエネルギーコストは、電気の場合はガソリンの半額ぐらいといいます。（https://everydays.tepco.co.jp）。ただし、ガソリンには固有の税金が賦課されていますから、その点を考慮して、コスト比較をする必要があります。

エネルギーは、その国の国民生活に不可欠ですし、国の政策の最も重要な基幹ですから安定した国民生活を保障して国民の支持を得る、あるいは支配することが可能な対象なので、どの国の政府もエネルギーへの支配をつづけ、その管理権限を手放なさないと想像できます。ウクライナ戦争で、ウクライナを支援するＥＵ加盟諸国への石油、天然ガス輸出に制限をかけた、ロシアのプーチン大統領の政治にエネルギーの持つ戦略性を見ることができます。いずれの国でも主要な政治の統治対象であることは間違いありません。

これからエネルギーの消費が増加する地域は、人口増加を予測されている東南アジアやアフリカですが、これらの国々はいわゆる発展途上国であり、先進国の先端技術である自然エネルギーの活用を初めから社会に定着させることは、社会インフラの整備状況から容易ではないとみるべきです。加えて自然エネルギーは、単位体積、重量あたりのエネルギー密度が相対的に低いので、政策で効果的にエネルギーを国の隅々に行きわたらせるのには効率が低くなります。しかも自然エネルギーは、人為的に発電量を制御することが難しい点も、政府が政治で制御する難しさに繋がります。

したがって、これらの国々の政治指導者はやはりエネルギー密度が高く、安定して発電可能な地下資源利用のエネルギーを活用するのではないか、と想像します。先進国でどれ程自然エネルギーに置き換わっても、地球上全体ではなお石炭、石油利用エネルギーが残り、それに伴いCO_2の排出は続くことになります。即ち地球規模でのCO_2抑制の課題は残り続けるものと予測します。

先進国が取るべき対策は、自国では自然エネルギーへの置換を進めると並行して地下資源利用エネルギーが有する課題、即ちCO_2排出を大幅に減少させる技術、あるいは原子力燃料廃棄物の安全な処理技術の開発に新たな知恵を発掘して問題解決に資することです。こう考えますと、先進国では回避傾向が強い地下資源利用エネルギーですが、全地球規模で現実的に考えますと地下利用資源利用のもつ「陰の部分」の課題解決に向けた尽力も、やはり先進国の不可避の役割ではないでしょうか。科学技術の成果を社会や地球上で広く活用しますと「光と陰」の両方が伴いますから「光の部分」のみへ単純に傾斜する思考には気をつけることが大事です。

①　石炭・石油利用技術

近代社会を形成した基礎は、17世紀に始まったイギリスでの産業革命にあります。そこでは石炭が発掘され、物流・人流利用を一気に加速させた蒸気機関車が登場したわけです。日本でも明治の初めに汽車が導入され、その後、日本の近代化が急速に進展したのです。石油の本格的な産業利用が始まったのは、19世紀中頃にアメリカのロックフェラーが精油工場を稼働させてからです。20世紀に入ると、自動車用燃料やその他製造業のエネルギー源として使用量が一気に増大しました。いわば20世紀から始まった欧米や日本での近代化を急速に促進したのは、まぎれもなく石炭及び石油などの地下資源の有効活用でした。

私の在職した新日本製鉄（株）（現日本製鉄（株））も石炭・石油の大口利用者であり、その恩恵にあずかって成長を遂げた会社と言えるでしょう。しかし、これらのエネルギー源が多量のCO_2を排出し、地球温暖化の大きな要因であるとの理解が世界中で広まってきており、その利用を中核とする産業には厳しい将来が予測され、それを乗り越える知恵が求められています。鉄鋼業界は国の財政支援を得ながらCO_2削減を目的とする新たな技術開発に取り組んでいるようです。

石炭・石油の量を捌くことは難しいのですが、有効な資源として別の使い方や新しいCO_2の処理方法が模索されるはずです。2100年には約103億人にも到達すると予想されている地球上の人口を養うのに、使用可能な資源を使わないで済ませるほどの余裕は、もはや人類には無いと思いますから。ただし、取り組むべき技術課題は極めて難度が高く、挑戦的であることは間違いないでしょう。そこにこそ真のイノベーションの芽が眠っているかもしれません。

社会の環境変化は個人の職業にも大きな影響を与えます。例えば、自動車の花形エンジニアといえば、自動車エンジンの設計・製造にかかわる仕事でした。ところが、自動車がガソリンエンジンの代わりに使用時にCO_2を排出しないとされるモーターを搭載した電気自動車になると、自動車の内燃エンジンは不要となります。自動車エンジンの専門家にとってはその職の不要宣告を受けたことになり、まさに一大事です。

鉄鋼材料を購入する企業にとっては、品質や価格が許容範囲に維持できていれば、その鋼の製造プロセスは基本的には業者任せでいいことなのです。言い換えれば、顧客の求める価値からみれば、高炉や転炉を用いた鋼の製造プロセスは、単なる手段なのです。他方、それらに携わっているエンジニアからみれば、それらの対象は、自らの人生、生活を託した天職の筈であったのです。その天職の対象に警告が出され、また出されようとしているわけです。

　私も会社勤めしているときに、自らは顧客の価値創出に貢献していると信じて疑わなかったのですが、このような事態を迎えて改めて見直してみますと、企業におけるエンジニアの仕事は、顧客の立場から見れば「手段の一つ」であったことを突き付けられたのです。他社との品質や価格競争は常に厳しい戦いであったのですが、その戦いの場そのものが変わりつつあるのです。

　こうした環境の変化を見て「自分の専門性」を構築する必要性を否定するつもりは全くありません。働いて付加価値を創造するには専門能力は必須です。大学、大学院に居た時から「専門技術を磨け」と教授から指導された経験の持ち主は多数いると思います。このことは正しい指導だと思います。ただし、その専門技術がいつまで会社に必須であり続けるのか、予測は難しい時代になっていることも事実です。

　あるレベルに到達しますと周りの姿が少しずつ見えて来て「自分の仕事、専門を活かした商品の価値とは何か？」を考えるようになります。つまり、俯瞰的見方ができるようになってくるのです。新たな価値を生みだす対象に自分の持つ専門技術を転用する、あるいは要素技術として転活用することも可能ですから。ただし、いわゆる自分の専門技術のみにしか関心が無ければ、将来の転用が難しいのは容易に想像できます。「骨太の学び」の成果は、こうした機会のキッカケとして役に立つと思います。

今でも石炭や石油を使って環境負荷を遥かに低減した、これまでとは異なる新しいアプローチ、あるいは活用方法の開発に頑張っている人々がいますので、君たちも関心を持って欲しいと思います。

② 原子力利用技術

２０１１年に発生した福島原発の大事故を契機に、原子力利用に対する国民の反対意識が急増しました。アメリカのスリーマイル島、ロシアのチェルノブイリに続く、実害の大きな事故が福島で発生し、事故後10余年経過した今でも、居住できない地域が残っています。

今後もこのような大事故が発生しない保証はありません。何故なら大事故のそれぞれの直接原因が異なり、未知の原因による事故の発生を否定できないからです。

原子力発電は、ウラン鉱石の中に約０・７％含まれるウラン２３５を濃縮して製造した燃料を用いて制御しながら核反応を起こし、その際に発生する熱を電力に変換して利用しています。作動原理はシンプルですが、何しろ核反応利用による高熱、高エネルギーの発生があり、プラントとしては巨大かつ精密制御システムが不可欠の条件の上に成り立っています。

核燃料は一度使用した後に再処理を施すことによって核物質の有効使用ができるようになります（「核燃料サイクル」と言います）が、そのためには専用の再処理設備が必要で、日本では稼働に向けて現在建設中です。

ここで指摘する課題は、再処理した燃料を使用した後に最終的に残る約5％の廃棄物（「高レベル放射性廃棄物」と言います）の安全な処理についてです。原子力発電の利用実績が長いとその廃棄物量が増加しますが、何かの方法で安全に処理する方法を見出す必要があります。実は、この課題は世界の原子力発電に共通の課題であり、これからも検討が進められるはずです。

地下深く300メートルに埋設する方策（地層処分）が、今のところ最も安全とされていますが、経年変化を含めて実績がないので安全が実証されたわけではありません。ただし、既に地層処分を決断し供用を開始する国（フィンランド）、及び地下処分地を決定した国（スウェーデン）（資源エネルギー庁HP）があることも事実です。原子力発電や軍事利用で核物質の取扱い量の多いロシアも、その最終廃棄物の処理を何らかの方法で行っているはずですが、公開情報が見つかりません。日本の政府は、処分候補地を自治体の自発的申し出に期待し、調査に対する協力への補助金交付という形で、処分地の選定を前進させようとしています。この問題の基本的に難しい点は、放射性物質の半減期が過ぎて、天然ウラン並みの危険レベルに減るには一人の人間の寿命を遥かに超えた長い期間が必要なことです。言い換えますと処分可否を判断した人と半減期までの長時間に特段の問題が発生しなかったことを確認できる人が全く異なるのです。

それでは、将来の原子力利用はなくなるでしょうか?石炭・石油利用でも触れましたが、利用後に残る残渣対策に大きな課題を持つこれらの地下資源ですが、今後の人口増が予測されているアフリカや東南アジアの人々を含む、約100億人の人類の生存と国と国との競合、地域間抗争の激化が予想されることから、私は今世紀のうちに完全には無くならないと推測しています。ただし、今の原発とは異なる新たな利用方法を創出することも検討・開発対象にすべきでしょう。技術的には大きな挑戦ですが、成功した国(または企業)とそれ以外とで大きな格差が生じる可能性があるほどのポテンシャルを持っています。

以上、みてきたことは「石炭、石油及びウラン鉱石」のいずれも地下から掘削して活用し、大いに経済や社会の発展に貢献してきたことです。これらを使いこなす術を人類が持ち合わせていなかったら、人類の発展、生活の向上などは起こらなかったでしょう。しかし、今の時代は「これら地下資源の活用によって生じた新たな課題（地球温暖化、高レベル放射性廃棄物処分など）」に深刻に対処する必要に迫られているのです。

ただし、エネルギーは食糧、水と並ぶ人類生存のミニマムの必須物資であり、ロシアのウクライナ侵攻でも強力なロシアの武器になっているのがエネルギー供給支配です。地球温暖化ガスの低減の主旨には反しますが、国と国の争いを優先課題とする政治が主流として続く限り、地下資源活用は続くでしょう。その意味でもこれら地下資源はこれからも大きな社会、経済的及び政治的に影響を持つと想像します。その際、如何により適正な利用法が見いだされるかが人類の大きな課題となります。

これらの地下資源を有効に活用して先進国に成長した国々は、日本を含めて顕在化した課題の解決に向けた最大限の取り組みを行う責任があります。その方法として、何よりも必要なことは、従来の技術の延長ではない「地下資源（石炭・石油、ウランなど）」を有効に利用できる新たな知見の発掘や新技術の開発です。このような「高度に成熟した技術領域での根本的な課題の解決」へ向けた抜本的な取り組みには、後に検討するオープンイノベーションの取り組みによる技術成果に大いに期待しています。科学技術が持つ「光と陰」の顔のうち「陰の課題」解決こそが困難も伴う故に成功すれば人類最大のイノベーションと言えるでしょう。

2-2 「成熟から飽和」への理解とその先

研究開発によって新商品を開発していた時に、理解していたプロダクトサイクルという考え方、すなわち新商品は時間と共に「萌芽期→成長期→成熟期→飽和期→衰退期」を経るのが流れ、と理解していました。しかし、これは新商品のみに当てはまることではなく、より一般的な事象であることに年齢を重ねると感じ始めました。

「飽和」とは変化してきたものが変化しなくなる状態になることです。ただし、変化には二種類あって、一つは大きな意味での変化、例えば、日本がこれまでの30年間直面しているような経済成長の鈍化による「飽和」であり、もう一つはその大きな意味での「飽和」があるが故に発生しやすい個別の事業、流行などの変化です。大きな変化が成長過程にある時は、様々な流れがあっても相互に競合する危険は少ないのですが、大きな流れが頭打ちになりますとその下で個別の競争はむしろ激化してくるでしょう。競合が激しくなり廃業に追い込まれる事業も出てきますし、また、反対に新たなベンチャーが誕生する期待も膨らむわけです。

今は変化が少ない日本と思っている君たちに伝えたいのは、この先必ず変化は起こるということです。君たちの100年人生の間、今のままの日本は持続することはないと思います。発展か凋落か、それとも今とは異なった姿へ変身していくのか、そのような変化は歴史の教訓なのです。

多くの場合に「飽和」ということは起こります。日常生活の中では「飽きた」ということもこの飽和にあたります。ただしこの「飽和」を薄々感じながらも公には認めたがらない人が少なくありませんので、ここに明示的に「飽和」を若い人向けに話題に取り上げることに抵抗する人がいることは容易に想像がつきます。

最も大規模な「飽和」といえば、それは現在の地球上の多くを支配している今の社会経済の仕組みではないでしょうか。18世紀の産業革命以降、技術の進歩に伴い新たな社会価値が創出されて個人の働き口も増え、社会全体の経済と個人の生活とが好循環することで、増え続けた人口の増加がむしろ更なる発展の力になってきたのです。

しかし、20世紀末頃からは少子化、高齢化傾向にある先進諸国では経済成長率が鈍化してきています。日本を含む先進国の政府は、特定の成長分野を示すことが難しくなり、規制緩和することで個人、私企業の成長を後押しする政策を採用しだしたわけです。英国のサッチャー首相やアメリカのレーガン大統領、日本では小泉首相などの政策が近いとされています。いわゆる「新自由主義」と呼ばれる政策であり、各人のアイデアを活かすために規制緩和することで成長を促す発想です。したがって、成果や結果は各自が収穫する、あるいは責任を背負うことになります。大きな果実を掴む人もいれば掴み損ねた人も多数出てきているわけです。

典型的な例としては、アメリカでいわゆるGAFAなどIT企業が著しい成長を始めたのもこの頃からです。IT企業が既存の産業界を席巻し、農業・漁業などの一次産業、製造業など二次産業などの働き手が直接的に社会価値を生み出し、それを販売して企業を経営する、あるいは、従業員が生活する（ここでは「リアル産業」と略称）が飽和気味になった時期に符合しています。これはIT技術が進歩したことも大きな要因ですが、同時に「リアル産業」が成熟し飽和したために成長が鈍化したことも忘れてはならない要因です。つまり「リアル産業」が新たな社会価値の創造とそれによる仕事の創出が難しい局面になってきたのです。

地球上では発展途上国を中心に人口は増え続けていますが、その人たちの生活を維持するためには各人に仕事が必要です。仕事に給料がついてくるので従業員は生活ができますが、他方、経営者からみれば従業員へ支払う給料は、経営上の必要コストと認識しているわけです。つまり、雇う人の数が少ないほうが経営への負担が小さいのです。

いわゆるＩＴ技術（ＣＤ技術）の進歩により、人手を使わない業種が高収益をあげるようになり、多くの人が非正規職など賃金を抑えた条件で雇われる業態へ変化してきているわけです。地球上の人々が平和に暮らすためには一人ひとりに適正な収入が必要になりますが、増える人口にこの原則がいきわたらない恐れが出てきます。日本では、時々人手が足りない、ロボットが必要だと言われ、現実として清掃、見回り、食事の配膳などでロボットが導入され始めています。しかし、ここで考えないといけないのは「人手が足りない」のではなく「安い賃金で働いてくれる人手が足りない」と言うべきなのです。高齢者介護などはもともと賃金水準の低い途上国からの若い人が働き手になって支えているわけです。つまり、働く人の各国での賃金格差があるからこそ、こうした外国人が日本で働く仕組みが成り立っているわけです。

それでは日本人の仕事はどうなっているのでしょうか？既に政府統計でも指摘されているとおり、非常勤職（非正規）職員として働く人が遥かに増え、40％近くの人が非正規と言われています（厚生労働省ＨＰ）。つまり、正規職と非正規職との間に大きな階層の分断が生じているのです。先に指摘した、三つの技術分野の石炭・石油利用及び原子力応用技術については、例えば、より高効率にするなど技術指標ではなおお改善の余地は残されていますが、従来の社会的価値の観点からは、これらの技術はすでに十分に高い水準に達し、多数の人々に新たに職を提供できる状況にはないのです。

ただし「陰の部分」の技術課題にブレークスルーを達成すれば、新たな職が生まれるかもしれません。最近の新技術であるChatGPTなどの生成ＡＩは、事務効率を向上させたい企業にとっては有力な手段になりますが、言い換えれば雇用する従業員の数を減らす、あるいは非正規化する方向へ適用しようとすることになります。社会価値、雇用の創出からみれば、いわば新たな成果創出にならず、飽和を打破できるものではない利用といえます。事務効率向上ではなく、新たな価値を生む活用法を君たちに考えて欲しいと思います。

間違えてはいけないことは「飽和」とは単に技術指標の変化で見るのではなく、それが生み出す社会的価値との見合いで評価すべきものだということです。研究者や技術者のなかには、自らの専門分野の技術指標だけに関心をよせ、その改善に注力する人を数多く見てきましたし、一部にはそうした「集中する姿勢」を高く評価する傾向があります。しかし、私は、技術とは、社会の抱える様々な課題を解決するための重要なアプローチの一つであると理解しており、やはり様々ある社会的価値の向上への貢献が求められるものだと思います。

この飽和を乗り越えるには、従来の視点とは異なったアプローチを取る、あるいは、従来とは異なる新たな価値を創出することが必要なわけです。それが出来れば、それは創造力の成果であり、その成果が新たな世界を切り拓くかもしれません。それこそ挑戦的な取り組みです。これから求められているのは、これまでにない視点に基く判断と挑戦なのです。

産業革命の後、人類は様々な科学技術の知恵を生み出し、それを経済や政治の仕組に調和させて社会的価値に転換することで人々の生活向上、社会インフラの整備に大きく貢献してきました。しかし、21世紀になって先進国を中心に経済成長が鈍化する一方、人口の急増、環境変化（海水、大気温度上昇など）、国・個人間の経済格差などが顕著になり、未経験の新たな課題に直面するようになりました。それぞれの課題がとても深刻であり、しかも相互に関係している複雑な課題であることが分かっており、各国で解決に向けた賢明な努力が続けられていますが、解決の目途が見えていない現状にあります。国同士の軋轢も増えており、引き続き人類が克服に向けた努力を必要とされている課題です。そのブレークスルーに新技術が貢献することが強く求められているわけです。

最近出版された『人新世の「資本論」』（8）で著者の斎藤氏は、衝撃的な内容で多くの読者を震撼させたようです。モヤモヤした社会の最近の動き、在りようを鋭い視点、明解な切り口で分析、表現しています。彼によれば差し迫っている課題である「地球温暖化対策」は、「成長を必須要件とする」資本主義の枠組みを前提にすれば解決ができない、と断言しています。ましてやプラ袋有料化やSDGsなどの弥縫策《びほうさく》は、人々に対策に協力しているとの「免罪符」を与えているに過ぎません、と言っています。

確かに第二次世界大戦後の1950年頃から日本及び西欧各国では、戦後復興の投資や波及性の大きなトランジスタやレーザーなど画期的な技術開発成果の利用による経済成長が起こったわけです。その時期における鉄鋼生産、自動車生産、エネルギー消費量などの産業指標の飛躍に加えて国民所得の伸びも著しいものがありました。そうした世界的な成長も著者が指摘する、違った見方をすれば「自然からの搾取」と「低賃金国国民からの搾取」で成立していたもので、いまや両方ともに開発余地がなくなってきているといいます。事実、中国は低賃金労働力の大きなソースでしたが、今や人々の生活水準の向上により、高賃金国の仲間に入りつつあります。

また、地下資源（石油、天然ガスなど）も次第に採掘が困難になってきており、採掘コストの上昇を招いています。今になって振り返れば、そうした成長が永遠に続くはずはないのですが、国民健康保険や国民年金制度などの基礎的社会インフラの制度設計は、先進各国では成長の時代に拡充されたものが多いのです。持続的な高度成長が無理で、成長に「飽和」がくれば、これらの制度維持が困難になるのは自明なことです。残念ながらこれまでの政治的努力では十分な解決策に至っていないのです。

「飽和」とは、様々な分野や世界で数多く存在する事象であり、決して珍しいことではなく、まずはそれを理解し、受け入れることが大事です。

例えば、初期の頃は多少の資金投入で売り上げが急増しましたので、更に売り上げを伸ばすために店を増やしたり、資金投入しても以前より売り上げが伸びない、と言った現象は、身の回りで屡々経験することです。また、粗食から少し美味しいものを食すると大変美味しく感じるのですが、金をかけた美味しい食事を継続すると感激しなくなることも飽和現象の一つかもしれません。

１９６５～７５年頃の日本の高度成長は、飽和に至る前に必ず生じる最も急速な変化、成長の期間に相当しているのです。その時に、そのままの路線延長を続けた日本は、その後成長を鈍化させ、遂に飽和状態になったのです。

「飽和」をひとたび認めてしまいますと、その先は議論が展開できなくなり方向転換せざるを得なくなるか、又はこれまでの路線の継続をひたすら強弁するか、いずれかの選択になりがちです。多くの場合、後者のケースが多く、抜本的改革が遅れる原因になるのではないでしょうか。

例えば、今の年金制度は、日本の高度成長期に拡充されたものですが、その後、資金を負担する若手の働き手の減少や制度の受益者である高齢者数の増加現象の顕在化により、制度変更する必要がおこり、度重なる微調整を積み重ねたことで、抜本改革が出来なかった結果、この制度の持続可能性に疑義を持つ若い人たちが増えるという事態を招いているのです。

適正な解決策は直ぐには見当たりませんし、解決策があるとすれば受給者の多くが痛みを受けるはずです。それを表明して選挙に出れば落選することが目に見えている、と考えている政治家は少なくないでしょう。制度維持のためには、若い人には経済負担を増やし、受給高齢者の受取金額を減少するのが制度維持の方向です。どの層からも選挙での支持が得られそうもないのです。このように「一見すると答えが見えない課題」が出てくるのが「飽和」社会の特徴です。

将来、君たちが科学や技術分野での職業に携わる希望をもっているなら指摘しておきたいことがあります。

科学技術の発達の歴史を振り返ってみますと、世界大戦の惨禍を除けば20世紀前半頃まではより多くの人に恩恵をもたらしてきたことは事実です。しかしながら「飽和の時代」を迎えた今は様相が大きく変わっています。

今や日本は世界でも有数の長寿国になり、その意味では高齢者にとっては幸せと言えるでしょう。ただし、この幸せははるかに年齢の若い人達の経済的支援の上に成り立っています。治療にかかる医療費も日々の生活費である年金にしても、いずれも現役で働いている今の人々が納めている資金がないと成り立たない仕組みであることは述べたとおりなのです。このように職業として皆さんが選択して従事するつもりの科学や技術分野が、実は社会の成り立ちや仕組みが抱える課題と深い関係にある事の理解は不可欠です。

つい最近まで日の出の勢いで経済成長してきた中国でさえ、既に人口減少が生じ、かつ高齢者が急増する予測が出ており、日本の今と同じ様相を示すとされています。経済成長も徐々に鈍化しており、いずれ飽和状態を迎える可能性が高いでしょう。科学技術と社会の課題との関係は、日本固有の問題ではなく、特に経済成長を経験した国に共通するものですから世界の知恵を学ぶことは必須です。

それではどうすればこの問題を解決できるでしょうか？適切な解決策があれば既に取り上

げられているでしょう。社会の矛盾が顕在化し、その解決策が容易に見つからない課題は今後も世界的に増えてきます。先進国の諸制度が行き詰まり、抜本策が打ち出せない社会が「飽和社会」に相当します。この社会では各個人の年金、賃金など収入と社会生活による支出の水準が簡単に変えられない利害調整が高度に凍結された社会です。

今の日本の若い人たちが、他国と比べて国の将来や個人の将来に対して明るい展望を抱けない人の比率が高いとするなら、このような日本の飽和状態に起因する「閉塞感」が行き渡っているからではないかと想像しています。

「飽和」に到達したらもはや先々の希望、成長の期待ができないということでしょうか？誤解して欲しくないのですが、私の見解のポイントはそこにあるのではありません。何事にも飽和という現象が存在することをまずは理解すれば「これまでの延長の先に将来の展開があるようにひたすら誘導する指導者」の言説にそのまま取りつかれるリスクが減ります。特に注意を払いたいのは、高度に専門化され、しかも限定された人間関係になりがちな小規模の特定な企業、職場、学校でいえば大学院の研究室での過ごし方、教官や先輩たちなどがかたる将来見通しには、君たち自身の冷静な判断によって慎重に対応したいものです。

その道で永年にわたって努力し、実績を積み上げてきた先人の言葉には重みがありますが、その言葉は過去の実績によるもので、社会や産業の在り方が変わるかもしれない将来を、正確に見通す力が必ずしもあるわけではありません。それが「飽和」の時代であり、その時「飽和」を思い出すと君たち自身が改めて考えるゆとりを得られるはずです。最も確実な方法として、今までの経験、知識はとりあえずしまっておき、別の視点で君たち自身が将来に向けて考えてみることをお奨めします。私の申し上げたい「広角の学び」を踏まえた「骨太の学び」を活かすタイミングです。この後の章で若い君たちに贈る、考え方の視点を参考にしてください。

「飽和」の打破に大きく貢献した最近の例がいわゆるＩＴ技術、産業の隆盛です。重さも体積もないＣＤ技術がこれほどまでに隆盛し、経済効果を生むものだと確信していた日本人はどれだけいたでしょうか？かつて日本も「電子立国」を標榜した時代がありましたが、すべからくモノに拘ったもので形の見えないＣＤ技術は重視されていなかったような気がします。私も含めて日本人は「重さも体積もあるモノ」にいかに高付加価値をつけて製造するかに全力を投入してきたからです。最近ではさらにメタバースの産業化を狙う人も台頭し、新たな経済価値創出を狙っています。

他の具体例として、アメリカで開発され、日本も輸入し、今や多くの病院で使用されている外科手術支援ロボット「ダビンチ」（Intuitive Surgical G.K. HP）を取り上げて学びを考えてみたいと思います。この事例は、CD技術とモノづくり技術が直接融合して誕生した新たな成果であり、私たち日本人にも理解しやすい価値が具現化されている例です。患者を救うという目的に対し、従来の医学のみからのアプローチの他に患者への手術負担を減らし（低侵襲）、かつ「名医」に頼ることなく高い手術実績が得られる効果も期待できる治療法を新たに創造にしたのがこの「ダビンチ」なのです。

私が総合科学技術会議（現総合科学技術・イノベーション会議）に在職していた時期（2007～2013）、この外資系企業の装置を日本で医療器械として承認するかどうかの議論が厚労省の審議会で行われていました。それまでに開発企業（米）が厚労省へ承認申請し、その度に却下されてきた経緯があったようで、主に医者とそれ以外の審議会メンバーの意見対立が繰り返し行われてきたようです。

そうした議論が沸騰し、総合科学技術会議に意見聴取の機会が巡ってきたわけです。私たち民間の議員は、このロボットの開発目的、経緯、機能の完成度、アメリカでの治療実績などを聞き、また審議会での検討経緯についても理解したうえで検討に入りました。私は、この医療用ロボットを先駆的に導入して医療研究を進めていた医科大へ行って装置及びその運用を視察し、また、この機械で実際の手術適用の研究に携わっている先生方の意見を伺いました。これとは別に、開発してきたアメリカ企業の方に開発目的や技術の特徴、これまでのアメリカでの治療実績などをヒアリングしたのです。この会社の技術者と直接対話する機会があったのですが、その際に伝えられた一言が今も強く印象として残っています。彼曰く「実を言えば、この装置を構成している材料や部品のうち約70％は日本製品の利用なのです。ですが我々のロボットの外科手術支援能力に対抗できる日本発のロボットは、残念ながら今の日本にはないですよね」。

その当時、日本には手の微妙な動きを再現するロボットなど、人体の要素の動きを精緻に制御する研究はされていましたが、人体そのものの外科手術を支援する、「ダビンチ」のような適用範囲の広いシステム型ロボット開発の大きな流れはなかったと思います。

この技術は、海外で任務中に負傷した米軍兵士に外科手術を施すとき、専門の外科医師が現地に居なくても手術支援できるようにしたい、というのがもともとの発想と伺いました。したがって、アメリカの国防省の研究開発機関であるＤＡＲＰＡ（Defense Advanced Research Projects Agency）が提供する資金で基礎技術を開発してきたのです。

手術支援ロボットのような飛躍した発想の開発を実行するには、確固たる開発思想が必要です。兵士の手術を可能とする、といった確固としたニーズも開発を駆動した要因でしょう。人間の生死に直結する外科手術を行うロボットを完成させる、という目標を打ち立てるには、極めて大胆な発想の転換、実行の決断が必要です。おそらく、ロボット工学を熟知した人と医学、とりわけ外科手術のスペシャリストの考えを糾合し、責任体制を確立して初めて誕生する考え方でしょう。その為に必須な様々な要素技術を、ロボットに必要な精度で機能させる高度なシステム技術として完成し、臨床の現場の使用に堪えるようにしないと人体に実用化できません。更に、手術用途の仕様に合った部品、素材、フレキシブルなソフトウエアの信頼性が重要です。これらのすべてを満たす開発がアメリカのＤＡＲＰＡやベンチャー企業で実現していたわけです。注目すべきは、必要となる様々な要素は日本を含む外部から調達しており、後に述べる「オープンイノベーション型」と言える体制で開発を進めたことです。システム完成後は前立腺がん除去の手術症例をアメリカの病院で積み上げ、高い成功率を達成してきたのです。

基礎技術が固まってきたときに、後のベンチャー企業の創業者になる人たちは、民間の手術に使えないかと考えたようです。彼ら曰く「アメリカでは外科手術の値段はとても高く、しかも「神の手」の持ち主と言われる名医に執刀を依頼すると、手術代金は途轍も無く高く、その恩恵を受けられる患者は金持ちの一握りなのです。私たちの理念は、この「神の手」を無くし、どの患者に対しても一定レベル以上の術後成績を提供できる施術を提供することです。資金能力の差で手術結果が左右されるのであれば、深刻な問題であると私たちは考えています。こうした目標こそ真のイノベーションではないでしょうか?」。

日本でも外科医は、最先端施術法を学びにアメリカに留学して習得、帰国後に手術実績を積み上げていく過程で「名医」と称され、高給で優遇されることを願う医者が少なくない、と聞いていました。こうした流れに、ある意味で逆行するロボット支援外科手術です。

私たち総合科学技術会議の民間議員の多くは、認可に前向きの考え方を表明しました。その後、厚労省も日本での医療機器として正式に使用を許可し（2009年、薬事承認取得）、今では、日本の大きな病院では競ってこの高額（数億円／台）な装置を導入し使用しています。

あれから10年以上経ちましたが、この「ダビンチ」のロボットシステムをアメリカ企業から最も数多く導入している国は、実は500台以上の導入実績のある日本のようです。医療費の高騰、個人負担の増加など医療費急増に悩む日本ですが、治療費の貴重な財源がロボット購入費用としてアメリカ企業へ流れているのです。保険適用される患者には福音ですが、国全体の医療財政で見ると誠に残念な結果となっています。

「ダビンチ」の開発を見てもう一つ注目すべき点があります。システム技術そのものは未踏の先端技術で尖っているのですが、その適用対象は、ごく普通の患者です。その患者の手術成績は患者の属性に関わらず、一定のレベルを確保し、治療費用もやはり平準化に効果を発揮しているのです。旧来の先端技術は、技術が未踏であり、かつ、それを活用できる対象もごく一部、といった考えが主流であったのですが、医療の社会問題を予め踏まえて開発された「ダビンチ」は旧来の流れとは異なる新たな先端技術の在り方を示したと言えるでしょう。視点や発想の転換がいかに重要であるか、を如実に示したのです。これからのイノベーションに繋がる技術開発に大きなヒントを与えた好例と言えます。それに加えて、新たな発想を「形に仕上げる」責任体制の確立が必要なのかを示しています。人命に直接かかわる外科手術を助けるシステムですから、極めて高い信頼性の確保が必須です。責任者は大きな重圧を受けながら開発を進めてきたと思います。

発想の転換のキッカケは、およそ各個人で異なるかと思いますが、私の経験や見聞した範囲では、何かについて「疑問に思うこと」であったようです。その疑問の対象を明確にしたときに「課題認識」に変化し、その課題を解くことに君たちの思いを馳せてください。学習のキッカケと駆動力の初めは「疑問に思うこと」にあります。「疑問に思うこと」がなくなれば正に「飽和」となり、以降の進歩は望めません。

ただし、このような高度なシステム技術の実現、実用化は発想した人たちだけでもはや可能になるわけがありません。基軸となる理念や完成目標を明確にした上で、その実現を単独で行うには、あまりにも巨大なシステム技術であり、外部から協力・貢献する人や資金、技術、もの、情報などを調達する必要があります。後に述べる「オープンイノベーション」と呼ばれる開発形式です。

外部から必要な、技術、知見、資源を確保して、統括して実現に向けて推進する人をプログラムマネージャー、と呼びますが、これからの時代には、この種の統合能力の持ち主が新たな社会的価値を生み出すうえで重要な役割を果たすと考えています。取り組むべき大きな科学技術課題に向き合うには、様々な専門知見を取捨選択して糾合し、達成目標を実現する統括的な企画・推進能力のある方が次代を拓くでしょう。君たちが、もし大学生、大学院生なら将来の仕事として意識し、今からその心構えを持って学んで欲しいのです。

プログラムマネージャーに必要な能力は、該博な知見に加えて、基礎の科学技術に明るく、かつその達成目標の価値を確固として確立して持っていることのようです。しかも、それらを目標達成に向けて開発の途上で無駄なく糾合していく必要があります。これは極めて高度な職種と言えるでしょう。これから目指すべき職種として捉え、君たちも目指して欲しいと思います。

こうした道筋を辿るには、高校時代はもとより、大学や大学院では、まず様々な学問を学ぶ絶好の機会がありますので、その機会を大いに活用して進んで学ぶことをお勧めします。仮に君が大学院へ進学し研究生活を始めても、他分野への学び、すなわち「広角の学び」を意識して下さい。大学院生になりますと特定の課題に向けた研究が始まりますので、生半可な集中では限られた時間の範囲で研究を進捗させることはできません。専門分野の能力の深堀をする機会が大学院での生活であることは間違いありません。ただし、大学院生と言っても学ぶことを主目的にする学生であることに変わりなく、予め選択したコースワークなど系統的な学問を大いに学んでください。それが将来必ず活きると確信しています。

「今の研究だけに集中しなさい」と従来の延長の路線に沿っての指導には、君たち自身でその価値の検証が必要です。ましてや、データ採取の実験だけをするために登校し、その他の時間はアルバイトに明け暮れする生活を繰り返しているとするなら、何しに大学院へ進学したのか、改めて考え直す必要があります。「疑問を持つ」ということは、後に述べます

「Critical Thinking」に通じるものですが、やはり関心、知識がないとそのきっかけも掴みにくいと思います。その先に君たち自身の思いがこもった対象を見つけられれば素晴らしいことです。

2-3 二極化の促進：分断と格差

地球上では、現在約80億人の人々が暮らしていますが、全体の社会価値が「飽和」に向かいますと、次に価値の「分配」が大きな関心事になってきます。この「分配」で問題を生じているのが現在でしょう。大きくとらえれば「先進国」と「発展途上国」との分配、それに「正規職員」と「非正規職員」「男女間の分配」「世代間の分配」などは象徴的な分配課題です。

更に問題を厳しくしているのが地球温暖化という、これまでに経験したことのない状況が発生していることです。この事態は、今のところ確実に経済活動の制約になりますので、限られたパイのなかでの分配競争がますます激しくなる恐れがあります。中国の経済伸長に伴い、アメリカはアメリカの最大の競合国になるのは中国と名指ししています。第二次世界大戦後にアメリカと旧ソ連とは、様々な局面で鋭く対立し、あわや戦争開始直前まで激化したことが報じられましたが、今や米中対立が世界の平和維持に大きな基軸になってきました。ただし、これから君たちにお知らせしたいことは、別な意味での分断の激化です。それは、一言でいえばサイバー技術やデジタルの技術の進歩によって激化する実社会での分断のお話です。

身近なところでの例を挙げてみましょう。政府も盛んに旗を振っているのがキャッシュレス決済の振興です。民間企業がこの仕組みに数多く参入し、キャッシュを使わないで代金を支払うとポイントが獲得できます、と盛んに購買を煽っています。財布からお金を出さずに物やサービスを購入できると、気持ちが大きくなって消費し過ぎるのが普通の人の性です。それによって経済活動が盛んになり結果としてＧＤＰが向上すれば政府にとって狙いどおりになるわけです。各国政府も積極的に推進しているのは、日本と同様の理由と考えてよいでしょう。

高齢者のなかには、この仕組みが理解できずに不安を感じることや、実感できるお金を支払わずに物を手に入れることへの罪悪感などでこの手のサービスを利用しない人々がいます。私たち日本人には、目の前にあって、重さや体積があるものを大事に扱う文化が古来より根付いてきており、優れた文化として花開いている工芸品も数少なくありません。目に見えないものの代表は神様であり、それも数多くいることから（多神教）、人々は神様を畏れ敬ってきたわけです。それほどに目に見えない世界には畏敬の気持ちと同時に不可解な恐れを持ち続けてきました。そこへインターネットなど、目に見えない技術によって生み出された社会の仕組みに乗ることは、少なからずの日本人には抵抗があるでしょう。目に見えないことに「実体的な経済価値があること」はなかなか理解できないわけで、こうした側面からもＩＴ技術の社会普及は、人々にとって革命的な出来事なのです。

しかし、地球上では全体として、地球の人口支持力を超えた過剰な人口を抱えていますから、より効率化を求めて「進化」すると、遠慮なくサイバー化、デジタル化は進み、結果的に流れに乗れない人々が生まれ出てくる可能性が大きいでしょう。

技術が高度化すればするほど多くの人々には理解しがたい範囲が広がってきますが、サイバーやデジタルのように姿、形が見えない技術によって生み出された成果物もまた目に見えない仕組みですから、益々人々の理解は届きにくくなります。それは年齢問わずに起きる現象ですので、いわばこうした高度技術の中味を分かっていてその構築や運用する側にいる人と、中身に理解が及ばず、ただし、利便性から高度技術を使わざるを得ない人々や全くアクセスできない人たちとの間に確実に「分断」が生じてきます。ある意味では「リアルとサイバー・デジタル」とによる「分断」といってよいと思います。この分断で生じる恐れがあることは、活用する側は経済利得を得やすく、使わされている、あるいは利用に全く関心のない人々は利得が少ないといった構造が生ずるのです。卑近な例では、最近誕生した「出会い系（単に男女だけではなく、飲食店などの機会紹介系を総称）」の運営経営者が裕福になるのに対し、その枠組みで働らいている従業員は低賃金、あるいは非正規職で働く構造になっているのはその例です。そして何よりも重要な基本は、こうした商売形態が誕生したのもすべてインターネットの存在が前提になっているのです。社会の構造変化をもたらした、恐るべき技術の仕組みがインターネットです。先に紹介した英英辞典を見ますとインターネット、あるいはサイバーについて「Imaginaryであるが無制約の能力がある」と解説されていることは、思うに誠に名言です。

因みにこのインターネット技術は、自然現象の発見や理解への貢献を対象とするノーベル賞には選ばれておりません。実に人工的、人為的な営為によって生み出された技術だからです。「基礎研究の成果でノーベル賞を受け、その成果を基に国の経済発展に貢献する」ルートには当てはまらないケースです。このように基礎研究成果と経済の発展とを一義的に結びつける発想には、最近では特に無理があります。基礎研究は、その独自の成果を生み出すことが本来の評価の対象なのです。

最近になって急速に注目されてきたのがChatGPTに代表される生成ＡＩの登場です。アメリカの一社が先行発表した後、世界の各社が競うように自らの生成ＡＩの開発を進めています。世界の著名な文化人はこの技術の利用に重大な懸念を示す一方、積極的に活用していく流れもあり、各国、各分野での対応の仕方がバラバラな現状です。今後の進展具合を見ないとハッキリしたことは言いにくいのですが、今時点での認識について社会的価値の観点から2点を指摘したいと思います。

例えば、大企業や官公庁のように組織内部にそれまでの業務実績が蓄積されている組織では、出自の明らかな膨大な組織内情報を学習させることで、これからの業務効率を飛躍的に向上させることが可能になると考えられます。公開されているインターネット情報の学習から得た返答とは異なり、誤った情報の混入や他の著作権侵害の可能性を低く抑えることができますから、これらの組織は活用の方へ進むことが予想されます。特定の情報を学習したこうした生成ＡＩの使用は有料となるでしょうが企業は導入するでしょう。そこで予想される事象は、現場の従業員の合理化で、正規職員を非正規に転換することも進み、人件費の低減を図るはずです。新たな仕事を創出するというより人員合理化に効果がありそうです。したがって、人々の経済的メリットの観点から見ると、職を追われる層と生成ＡＩで儲ける層へと二極化を促進する可能性があります。

別の視点について言えば「言語による意志の表明、人間のコミュニケーション」こそ、最も人間的な活動であると理解されていますので、その中に真偽の不確かな情報が混入しているかもしれない一般の生成ＡＩの回答を自らとの対話、あるいは質疑に使う気になるでしょうか？これは最も基本的な疑問です。Googleの検索であれば人間の主観的判断で情報の取捨選択で活用できますが、生成ＡＩは検索ではなく、いわばコンサルあるいは対話に近い機能をもっているのです。この意味で私自身は、顔の見えない、公開されているインターネット情報をベースにした生成ＡＩについては、その使用に懐疑的です。便利か否かの判断で使用可否を決めるのではなく、この基本構造を理解し、どのような条件であれば誤情報に惑わされるリスクが少ないかを学習した人が使うべきだと思います。

従来出来なかった事を初めて可能にした技術成果（アウトプットと言う）と、それが社会の価値にどれほどの貢献をするのか（アウトカムと言う）とが益々乖離するような技術成果が増えてきているような気がします。技術ハードルの高い技術（したがって、これまで誰も成功していない）を開発すると、当面は必然的に寡占化しますから当該企業は潤いますが、それに食われた企業は衰退することになります。今に始まったことではない企業間競争なのですが、私が注目するのは、新技術が果たしてどれほどの数の職を創成したのか、それとも人員の削減に効果を発揮したのかです。最近の新技術はどちらかと言えば従業員、人件費を削減する傾向が大きく、新たな職の創成には貢献できていないのではないかとの問題認識をもっています。付加価値分配のギャップを拡大する役割りを果たす可能性が大きいのではないでしょうか。

２０２０年秋には、アメリカ大統領選挙が行われ、民主党のバイデン氏が選ばれました。ただし、国民個人の投票行動では、トランプ大統領とバイデン氏との獲得投票数では大差がなく、選挙人の選出を通して大統領を選出するというアメリカの選挙制度に助けられてバイデン氏が当選した格好です。いわば国論を二分した選挙になったわけですが、インターネット機能を用いたＳＮＳの活用が、結果に大きな影響を与えたと言われています。特にトランプ支持者は熱狂的な信奉者が多いようで、彼らはまさにＳＮＳを最大限活用して、内部では結束の強化、外部には支持者の獲得と奔走したようです。

そのアメリカで進行している平均寿命の低下を指摘し、しかも単に国民全体の平均値の議論ではなく所得による層別の事実を指摘した書物（９）は示唆に富む本です。アメリカは先進国で初めて平均寿命を低下させましたが、その主要因は白人中年男性の「絶望死」であるとしています。即ち、白人の中年男性の主たる死亡原因がアルコール飲料摂取、鎮痛剤オピオイド服用及び自殺にあると、統計データを基に突き止めたわけです。それらのいずれも人間関係や社会対応の困難と因果関係のある事象であるのです。人間の寿命は医学の進歩だけで限りなく伸びていくものではないことを示し、死因に直接悩まされる層と、それとは独立した層との分断が進むことを示しているのです。また著者は、更に今起こりつつある気候変動現象が平均寿命の低下に結び付く恐れを警告しています。

二極化した上で自らの主張や事業を拡大するには、まず間隙に楔を打ち込むことから始まります。その為には何よりも宣伝に力をいれることの重要性を認識していたのがナチスのヒトラーでした。ワイマール憲法の下でのドイツが、第一次世界大戦の敗戦に伴う巨額の負担にあえいでいた時に、ナチスは宣伝相を先頭にひたすら国民を誘導する宣伝を行い、支持を拡大させていったのです。ユダヤ人の大量虐殺もこうした宣伝政策に乗せられた国民が結果的に黙認したようです。

しばしば言われるように「ヒトラーは、民主的な手続きを経て権力を握った。決して暴力的に総統になったのではない」のです。それほど民主主義はその基本理念を体現するのに脆弱であり、また宣伝による国民の誘導が有力な政治手段かを示しています。宣伝の重要性は、なにも政治だけの話ではなく、ビジネスでもまた同様であるからこそ、インターネット経由の広告が急増しているのです。その広告費を主たる収益にしている巨大なＩＴ企業がいくつも誕生してきたわけです。私たちは、理解できない、理解しにくい、理解したくない事柄や情報が増えすぎて宣伝に乗せられる恐れが増えています。

いまもロシアが隣国ウクライナへの攻撃を続けています（２０２４年1月現在）。ロシア国内でもこの理不尽な戦争に反対する人々もいますが、権力で物理的に抑え込まれているようです。国内での情報統制も徹底され、露大統領らの宣伝情報しか国民は耳にすることができない、と日本のメディアは伝えています。ただし、このように閉じた情報空間に国民を閉じ込める方策も、今出現しつつある多数の人工衛星によるインターネット空間の創成（https://www.spacex.com）によって、各個人が衛星と直接情報の受信、発信が可能になれば、その政策の実効性を失うかもしれません。技術の持つ力の大きさを暗示しています。

欧米諸国が経済制裁を強化してロシアを窮状に追い込む作戦ですが、これに対してロシア大統領は「ロシアは世界で最強の核保有国である」、と核使用の可能性で世界を恫喝しています。こうした状態が何と21世紀の今起こっていることの意味です。科学や技術の高度化は第二次世界大戦後に大きく進展しましたが、科学技術の画期的な発達に対して、政治家、政治システム等を支える人知の進歩の停滞との間の大きな乖離、二極化が今や人類にとって最大の脅威となっているような気がします。

イギリスがEUからの脱退の賛否を決めるのに国民投票を行いましたが、投票結果は僅差でEU脱退が選択されたのです。この時もSNSが各陣営の宣伝に最大限に活用された、と言われています。大規模な政策決定に、直接国民が賛否判断する妥当性が問題にされたのも、この結果を受けてのことです。国民一人ひとりが意思表示しますから、結果はとても重たいものになります。問題は、それだけ重たい決定をするのにふさわしい事前の議論や合意形成がなされたのかどうかなのです。つまり、脱退した後、英国が直面することになる様々な課題の解決策が十分に国民に共有されていたか。離脱に賛成投票した国民からも離脱後の状況に「こんなはずではなかった」との嘆きが出てきたと報道されています。対策なしにEUからの脱退の選択をとれば判断行動の一貫性はないのです。しかし、個人にそこまでの一貫性を求めることには無理があります。一人ひとりが最終結果に直接コミットする形で生み出される結果だけ重くなるSNSの恐ろしさが現実になったわけです。

いわゆる世論の怖いところは「中途半端な政策」でも大権を握る権力者を選ぶような流れ

が生じてしまうことです。様々な不利益を想定し、その影響の大きさまで推算することは、恐らく各個人レベルでは難しいのが実情です。だからと言って国民投票に代わる民主的な方法があるとも思えません。民主主義を賢明に運営するには、国民一人ひとりが賢く判断する力を持つことが極めて重要になっていることを改めて知らしめる結果でした。

賢く判断する上で一つお伝えしたいことは「事実と真実」は同じではない、ということです。私たちの判断に本当に必要なのは「真実」であって、個別の「事実」ではないのです。政治や経済あるいは社会制度など多くの国民を巻き込む重要な話題や政策について、あるいは商品の宣伝について見聞する場合には、特段の注意を払ってこの差異を意識する必要があります。

或る政治指導者が政権にあるとき「私が政権を担ってから、国民の雇用者の数が〇〇％増加しました。これは私の経済政策が成功を収めつつある証です」とマスコミを通して宣伝しました。このこと自体は「事実」なので、間違ったことを言明したわけではありません。

ところが、別の統計によりますと、先進国36か国で構成されているＯＥＣＤの調査結果⑽では、日本人の平均賃金は各国比較で２０１９年には24番に落ちていたのです（為替やインフレ率を調整した実質賃金で相互比較）。２０１１年の調査では18番でしたから、この10年で確実に下方に落ちているのです。また、労働者の賃金そのものも過去30年間ほとんど上昇していない、との指摘もあります。

日本の指導者の発言もOECDの調査結果も、それぞれは、或る意味「事実」なのです。ただし、もし国民の豊かさの向上を目的に考えるなら、雇用者数が増えたということより、働く人たちの給料が上がったほうが、より包括的な情報であり、かつ目的に近い表現になります。指導者が良く使う「嘘は言っていない」あるいは「事実を申し上げている」という場合には、むしろ「真実は語っていない」と考えたほうが良いケースが屡々《しばしば》あります。

この「分断」の根本は、別に、言説の分断ではなく、各個人レベルにおける利害関係の対立によってもたらされたものであり、成長しない社会では「分捕り合戦」に近い「分断」が生じやすくなります。安易な言説を受容するかどうか、結局のところ君たちの判断力にかかっているわけです。特定の側面の「事実」に惑わされることなく、事の全体像を踏まえた「真実」を重視する価値観が君たちの判断になって欲しいのです。後に述べる「Critical Thinking」は、多面的、総合的な見かたができる能力を育むと思います。

民主的な手続きでしばしば指摘される緩慢な流れに業を煮やすと、矛盾が表面化してくる国々では、アン・アプルボーム氏が指摘(11)したような権威主義的な政治が台頭してくるのです。異見を排除し、反対する人を遠ざけるなど強権性があからさまに目立ったわけです。

こうした困難を乗り越えるには、やはり民主的手法に則るしかないと私は考えています。その土俵に乗って議論し、調整するなどの粘り強い意志と構造的に課題を解きほぐす思考能力が不可欠になるでしょう。

第3章

これからを考える視点

君たち自身が一つの職に就いて働く期間が永続する可能性が小さいのは、単調に上昇基調の経済成長がもはや期待できず、それまでとは異なった経済活動が勃興することで富の再分配が生じる社会に変わっていくからです。成熟・飽和した社会の一つの特徴でしょう。その為に君たちが行うべきは、常に学ぶこと、そして決断し、行動することです。

次の職を指向する際に参考にして欲しいことがありますので、考え方を幾つかに絞ってご紹介します。これは私の職業人生を振り返った時に思いだす教訓を基に記述しますので、君たち自身が考えるキッカケにして欲しい、と願っています。

3-1 目的、目標及び手段

日常生活を改めて振り返りますと、どの様なことにも目的があり、それを実現させるための目標がいくつかあるのが普通と思いますが如何でしょうか？その目標を叶えるための方法や手段を選択して実行していることに気づきます。

そこで私は、目的、目標及び手段・方策といった概念をぜひ身に付けて欲しいと思って紹介するのです。はじめに目的と目標を考えてみましょう。

この二つの言葉に意味の違いがあるでしょうか？

日本語では、意味する内容を問わず、目的あるいは目標を一つの日本語で表現しますが、例えば和英辞典（『ジーニアス和英辞典』）を参照すると「目的」については（具体的な目的）Aim、（努力を向ける対象）Object、（最終的な目的）End、（長期的に達成を目指す目的）Goalなどが紹介されています。また同じ辞書で「目標」を調べると、（ねらいを定めた具体的な目標）Aim、（達成目標）Target、（努力を向ける対象）Objectと紹介されています。これだけ多様な表現が用意されている「目的」や「目標」ですので、この言葉を使う文脈で、意味するところで使い分けが必要になってきます。言い換えればこの二つの言葉は、それぞれの顔を持っているわけです。したがって、自らが使用する場合はもとより、他の人たちからこの言葉を示された時には、よくよく吟味しないと、本意を理解することはできないのです。この言葉の使い方を身に付けることで、将来にわたって直面するかもしれない様々な課題に対して、頭の整理ができることを期待するわけです。

この二つの言葉の意味の違いを見つけずに自由に使いまわす人が多いのですが、私は別々に意味する言葉として理解することを推奨します。

私の考える「目的」とは、達成するには長期間が必要なのですが、究極的に実現させたいと君たちが強く望む状態を指す言葉と理解しています。また「目標」とは「目的」達成より時間的に前に設定された、具体的に到達したい状態を指す言葉と理解しています。いくつかの目標を達成して初めて目的が達せられるという関係です。大事な違いは「目標」は定性的、時には曖昧にみえるものではなく、誰にでも同じ理解が得られるほどに具体的であることです。

例えば、将来の家計に困らないように優れた会社に入社したい、そのためにも国立の一流大学へ入学したいと高校生の君たちが考えるとすれば、それは「目的」あるいは「願望」であって「目標」とは言えないでしょう。すぐれた会社とはどこの企業を指しているのか不明ですし、入学できる大学は一校であるにも拘らず特定されていません。わかりにくいかもしれないので特に気をつけたい2点について具体例を挙げてお話したいと思います。

3-1-1 立場によって変わる目的、目標及び手段

初めに理解して欲しいことは「目的」「目標」「手段」は、その人の立場によって異なった意味で使われるということです。注意したいのは、企業の社長と一人の従業員、あるいは一国の首相と一国民では、その意味することが違ってくるということです。君たちが目的や目標と考えることを上司が正しく理解していたとしても、上司の目標は別のところにあり、君たちの目標、目的の達成は一つの手段と考えているかもしれません。このように立場によって目標や目的と手段が異なること自体は少なくないのですが、この違いを君たち自身が良く理解した上で判断する必要があります。以下に一例を挙げて説明します。

今でも深刻な社会問題である、博士になっても安定した職場が得られない就職問題を例にとって考えてみます。約30年前に大学、大学院の規制緩和を目指して開始され、今に活きている「大学院重点化」「大学設置基準大綱化」政策に連動して生じたことです。

1991年に文部科学省の大学審議会が大学院拡充を目的に大学院定員の倍増を提言した

ことがきっかけになって、大学院への門が急に広くなったのです。一般論でいえばより高度な教育研究へ進む若者が増えることは、国としては望ましいこと、となるはずでした。

当時はバブル景気が終焉し、経済不況の予兆を多くの国民が感じ始めた年でした。そうした折に高等教育の在り方を改善し、強い国家に再建しようと政治家や官僚が考えても不思議ではありません。それを政策目的とするなら、大学院生を増やして高級なエンジニアを大量に輩出して企業に送り込む、あるいは大学の研究室機能を拡大拡充して研究の国際競争力を上昇させることを政策手段として考えたのかもしれません。政治家にとって手段であっても、当事者の大学院生にとっては切実な目的、目標であったわけです。

急に門戸が広くなった大学院へ多くの学生が進学し、博士課程に在籍する院生の数は、重点化以前に比べて大幅に増加したのです（2001年／1981年比で約3倍強。NISTEP HP）。院生定員を急に増やしても指導できる教官は十分いるのか、また、博士課程を修了した後の就職先の確保に問題が発生しないのか、などの懸念は当時もあったと記憶していますが増員だけは確実に実施されたのです。

残念ながらこうした懸念は現実の問題になって今も未解決のままです。時間と資金をかけ、努力して大学院へ進学・修了しても期待したほどの職業上の処遇を得られなかった、と感じる人が多いのです。特に悲惨なのは、博士課程を修了して博士号を取得しても安定的な職を確保できず、数年間の期限付きの職に就く博士（こうした環境の職位、従事者をポスドクと略称）が大量に輩出されたことです。問題は、こうした短期期限付き雇用が繰り返されることです。

当時の私は、会社で就職希望の理工系学生や院生への対応、面接を行っており、特に博士課程修了見込みの院生には時間をかけた個別面接を行うなどの役割を果たしていました。その時に強く感じたのは、大学院重点化と同時期に実施された「大学設置基準大綱化」によって大学入試の受験科目も減り、大学での一般教養科目も必須でなくなった学部生活の後に大学院へ進み、在籍する特定の研究室で行われている研究に関すること以外に殆ど知識もなく関心も薄い院生の就職希望者が多かったことです。

もう一つ強く印象に残っているのは、院生が自らの研究や所属研究室での研究が「世界で最も先端的です」と強く主張することでした。大学院重点化の15年以上も前に博士過程を修了していた私たちの博士課程での研究は「科学技術の基本課題の解明」を目的にしていただけに、就職面接に来た大学院生の「最先端の研究を自慢する」主張には「最先端」の根拠も明らかでないこともあって、驚きを隠せませんでした。

しかし、採用可否の基準でよくよく彼らと対話を重ねて行くと、大学院で取り組んでいる研究領域の外には、ほとんど知見もなく関心も薄い様子でした。私自身は「大学院重点化」や「大学設置基準大綱化」などの政策施行の大分前に課程修了できたことはつくづくラッキーだと思いました。

後に記述しますが、何か実行する際には「目的」「目標」及び「手段・方策」の三つがそろう必要がありますが、ここで紹介した大学や大学院の政策には、「目的」と「手段」が特に強調され、当事者である大学院生個人の能力開発や処遇など主要な「目標」が明示されていなかったと推量しています。博士卒になれば27、28才に達する年齢から判断して、社会人として経済的に自立する能力が備わっていることが必須な要件ですが、その要件を叶える政策が欠如し、研究推進者としての博士の数を確保することを優先的に重点化していたのではないかと想像します。

この政策が始まった当初は、既に教授になった教官方の10年間など一定期間での業績を厳正に評価し、その結果によっては優秀な若手研究者の登用を促進し、教官の新陳代謝を促進しようとの考えもあったようですが、いまだにポスドク問題が改善されない現状を見ると、果たして当初の考え方がどれほど実現しているでしょうか。更に時が下って、教授資格についても「博士号」が必須でなくなった新たな設置基準の改定により、ますます博士号を取得した若手研究者が准教授、教授になる機会は減り、又は更なる時間がかかる事態を招いたのではないか、と懸念しています。常勤職ポストの数は予め決まっていますから、何らかの評価基準によって非常勤、常勤を総合して評価する仕組みを機能させない限り、非常勤者が常勤職に就くことが難しい事情は、今後も続く可能性が大きい、と考えています。国にとっての政策目的、目標その方策が各大学院生個人の目的、目標及び方策と整合がとれて初めて政策は効果を発揮するのですが、残念なことにその整合性が欠けているために博士個人の自立が難しくなっています。

最近、博士課程への進学者が減り、研究論文数も減るなど世界の先進国でも極めて珍しい現象が日本では特異的に発生しています(12)。博士号取得者は毎年約１・５万人ですが、注目すべきはその約40％は社会人になって博士課程へ入学した人たちです。２００３年頃には約20％ぐらいでしたからこの比率は約20年弱で倍増しています（文部科学省ＨＰ）。これは経済的な裏付けを確保できる職務についたうえで、博士課程に進学していることを表しています。したがって、今の業務とかけ離れた研究テーマを実行することは難しく、これまでに開拓された領域での研究に沿ったものと予想できます。社会人博士であれば、今確保している経済的裏付けのある分野での研究が主な対象であるのに対し、学部から直行して博士課程へ進んだ院生の研究対象は、新たな領域への探索研究の期待があるわけです。新たな研究領域の開拓が日本は弱い、と指摘されていますがその理由の一端がわかるような気がします。

また、最近の東大の大学院生の構成を見ますと⒀、博士課程在籍の約1／3が留学生であり、国際化が進み多様化してきたからなのかと思いますが、留学生の出身国で圧倒的に多いのが中国で、その約6割を占めています。日本人が博士課程に進学しない傾向が強く、博士課程の定員が留学生によって維持されている構図になっていて、この傾向が年々強くなっていくようです。また、アメリカの大学への日本人留学生の数が2000年からコロナ前までの2019年の期間で急激に減少しています（https://www.dlri.co.jp/report/ld/190）。

日々国際化が叫ばれ、今や小学校から英語の授業を行うことになっているにも関わらず、最高学府の大学で生じているこのような現象は、基本的な指針と具体的な政策の改革が待ったなしと考えざるをえません。国際的に研究開発が活発になるにつれてお互いの競争も激化することが予想されたために、博士課程を増強し、国際競争に伍していくとの基本構想は有意義でありましたが、その政策目的を達成する上で必要な施策の内で博士の大幅増員以外の施策目標は中途半端であった、と指摘されてもやむを得ない現況になっているのです。

国としての研究力強化を目指す政策と、それを実効的に支える博士個人の研究生活が成立する施策との両方が整ってこそ、初めて効果を発揮するはずでしたが、残念ながら後者の保証が成り立っていない状況なのです。言い換えれば「博士課程を活かした人材育成」と「大学の研究力の強化」との両輪が政策目的達成に必要なのですが、後者が主に取り上げられたのです。

「大学の研究力強化」といえば、すぐに大学の財政と直結させて報じる意見やマスコミが少なくありません。同時に、博士課程に進学する大学院生には、アルバイトせずに生活できる生活費を支弁し、研究の実験ばかりではなく体系的なコースワーク「広角の学び」をしっかり学ぶことを制度化することも要件であったはずです。今まさに科学技術のみならず、社会課題についても特定の分野の専門知識のみでは課題解決に困難や制約が生じるほどに「成熟した社会」へ入っているからです。

他分野の人々と協力して問題解決に対応することが必須となっている時代です。その際に、協働作業の成否をきめるのは、専門性は異なるものの出来上がりの目標とその目標の価値を共有できることだと思います。それぞれの専門性や専門知識は、共同作業の方法論の側面であって、その詳細を十分に理解せずとも協働作業は可能です。前にもお話した外科手術支援ロボット「ダビンチ」はその典型的な象徴でしょう。

大学生の4年間、大学院生の5年間は君たちのこれからの人生にとって極めて重要です。実体験からそう断言できます。したがって、大学院へ進学するのであれば、本当に人材育成を主眼に教育指導する先生なのか、研究室での一研究員としての役割を期待しているだけなのか、予め調べて慎重に検討して欲しいと思います。また、先に挙げた報告書(12)なども参考にして進路を決めて欲しいと願っています。この時期は就職前につき、就職後に育成する「骨太の学び」へ移行する前の「広角の学び」を完成させる最後の機会になります。

「教育は未来への投資」との考え方は、もともと欧州の教育理念に端を発している政策です。一国当たりの人口が少なく経済市場も小さい欧州各国では、優秀な人材は国を挙げて育成し、彼らが職業人として大いに成功すれば、雇用を増やす、従業員の給料を増やすなど国の経済発展に貢献することや個人としても多額の税金を国に納めることが期待されるのです。それが政策目的であるわけです。言い換えれば「教育は未来への投資である」との基本理念が、具体的な政策の姿として設計されています。所得税率が高く富裕層が国外脱出を図っている、とのニュースも出ますが、政策としては一貫しているわけです。他方、日本ではこのような主張がいわばスローガン以上のものにはなっていないのが現状で、この理念を具体的な形に設計するには、個人の目的、目標及び方策にブレークダウンされていることが必要です。それによって当事者の国民と政策の整合性が取れ、内実が伴ってくるのです。

以上の例は、研究者に関する特例ではなく、日常の中で気をつけて観察すれば社会経済、政治他分野でも思い至ることが多々あるでしょう。「目的、目標」とその達成「手段・方策」の区別を意識していますと、課題の現状を見る眼、その判断に大きく役に立つことがわかります。あるいは他人の言説の中身を吟味する上でも有効ですので、心がけて欲しいものです。

3-1-2　無意識下での選択誘導

日々の生活において、いずれかの選択を迫られる決断、分岐点に直面することがしばしば起こります。分岐点での選択とは、選択肢のすべてが目の前に開陳され、その中から選ぶことです。大学進学か否か公務員か企業勤めかなどです。ところが、これから君たちに話す選択は、これらとは異なり「無意識のうちに選択したことになっている」話です。

このような分岐を無意識に通り過ぎることはリスクが大きいうえに、働き方としては生産性が落ちる可能性が高いので注意喚起したいと思います。「無意識に選択に誘導される」習慣に慣れてしまいますと、本来の意識的に判断して選択することにも悪影響がでてきます。

会社とは、多種多様なモノやサービスを世の中の顧客に提供することで売り上げを上げ、そこから収益を得ている組織です。消費者のニーズに合わせた商品提供は商売の原点ですが、消費者のニーズとは、消費者が必要と考える手段のことです。それが有り余るほどに市場に登場している現在では、人々のニーズも飽和し、むしろ市場に提供される商品によって新たな購買欲が触発されることが多いと思いませんか。そうした状態でしばしば起こる分岐点での現象は「手段が目的へ転化する」ことです。

手段であったことが気付いてみると目的に転化されているのです。分岐での選択のような主体的な判断とは異なり、無意識の内に誘導選択させられていることが少なくないので、ぜひとも意識して欲しいと思っています。それは言い換えれば「やりたいことが見えなくなってきている」ことの裏返しと言ってよいでしょう。

気晴らし目的に遊んだオンラインゲームでしたが、あまりにも刺激的にできているために次々にゲームにはまり、いつの間にか当初目的の気晴らし目的はどこかへ雲散霧消してしまっているわけです。ゲームに入れ込み過ぎて経済的、肉体的、精神的に困窮するケースが時折報道されています。

私が長く関わってきた研究開発の現場でも、この「手段の目的への転化」現象が起こってきています。科学研究に用いる精密機器は年々高度化、多機能化され、それに伴い高額になっていきますので、一定規模の研究者の範囲で共用ということが増えてきます。研究者がそれらの装置を操作している間にその機能の面白さに心奪われ、いつの間にかその装置を始終使いたくなってくるのです。そして測ったことのない物質をその機械で測ってみたりして、時間と関心を奪われることも少なくありません。

内閣府に在職中に大学院を訪問して教官や院生と対話する機会が何回もあったのですが、そこでの経験をご紹介しています。

最近の研究では、実験に用いる装置、設備の機能が研究成果の質に大きく影響する時代になってきました。科学を研究していくうえで実験は極めて大事な方法です。レオナルド・ダ・ビンチが自ら創意工夫した実験装置を試作して、新たな研究成果を生み出したことは広く知られています。

自分のアイデアに基づいて自作した装置で、ユニークなデータ収集を基に研究が進められてきたのですが、科学の進歩に伴い、より高精度に、かつ、より大量のデータ収集が研究成果のインパクトの大きさに影響するようになってきた傾向があり、いかに高機能な実験装置を使うのかが益々重要になってきています。

そうした装置は、高性能であるので自作することが困難であり、専門企業から購買することが多くなってきています。しかも、おおむね高価ですので、研究指導の教官は、その購入資金確保に全力を挙げることになります。幸いに資金獲得に成功し、思うような研究成果が出てきますと研究活動自体も評価され、その教官の主宰する研究室へ入室希望する大学院生の数も増えてきます。いわば研究室として全体が質、量とも発展することになります。それ自体は高く評価すべきですが、問題はその後に生じるのです。それは何か？

本来の研究は「ある科学的な課題に注目し、その解決が重要な意味を持つ」との意義を確認して取り組み始めるものです。その課題解決に向けて「仮説」を設定して解決に向けたアプローチを始めることになります。そこで援用する手段が実験装置です。したがって、実験装置はあくまでも研究を進める上で必要な手段の筈なのです。私が博士課程に在籍していた頃には、このような「伝統的で正当なアプローチ」が当たり前のことでした。ノーベル賞受賞者たちが若い頃に行っていた研究からは、こうした「正当なアプローチ」によって研究成果が生み出されてきたのです

ただし、最近では、一人の教授が指導責任を負う大学院生の数も圧倒的に増え、テーマを与え、それぞれに研究を担当させて所定の期間で学位取得をさせる必要もあって、今ある実

験装置を起点にした研究アプローチをとる大学院生が増えてきていることを、大学院生との対話で気付いたのです。つまり、手持ちの高級実験装置を活用することを前提に研究テーマを探すことになってきている傾向です。その装置で研究できることは何か？と課題設定するわけです。その装置を用いる本筋の研究は既に指導教官の下で進められてきていますから、どうしてもテーマの意義で設定するというより、補完的に研究対象を選ぶことが行われているような印象を受けたのです。

「何のために研究をするのか」との基本命題に照らした時、このような判断、指導には問題が含まれていると思います。つまり研究目的が何で、その為に達成すべき具体的な目標は何で、主な手段は、この度導入した高級精密機器を中核にと、筋道を立てられればよいのですが、この事例のように「手段」が周辺条件に妥協して「目的」や「目標」に転化してしまう恐れがあります。

ここで重要なのが指導方針です。きちんとした意義づけを理解させて測定するように指導するのか、それとも測定されていない領域なので君たちの理解で測定するようにと指導するのか？大きな分かれ目です。もし君たちが後者のような教官の下にいれば、研究者ではなく、高額な装置でデータを収集する実験助手の役割となるでしょう。君たち自身で研究意義を見出せなかったら、その研究はその後の展開も難しいでしょう。残念ながら研究装置が研究の手段ではなく、目的に変身してしまっているからです。やはり君たち自身で意義を理解し、納得した研究テーマで研究に励んで欲しいと願っています。

かつて生物学を基底とするライフサイエンスの振興を図り、多くの大学で関係学科が新設され、学生数も急激に増えたことがありました。授業で用いるとの名目で、大学もアメリカ製のＤＮＡシーケンサーを購入したりしたのです。試薬もまたアメリカ製が多く、高価な輸入品が使われたわけです。当時聞いた冗談ともつかぬ一言が「日本でライフサイエンスの教育研究が盛んになればアメリカ企業が儲かる」です。学生たちは、最新のＤＮＡシーケンサーを操作することで、なにかライフサイエンスの最前線に立った錯覚を感じたかもしれませんが、卒業する時になって、製薬企業は彼らの採用に極めて消極的であったと言われています。私の知り合いの製薬企業の役員に「なぜ折角増設したライフサイエンスの卒業生を採用しないのか？」と尋ねたことがあります。答えは極めてシンプルで分かりやすく「ライフサイエンス学科の卒業生は、創薬研究などの戦力には期待できない。彼らはＤＮＡシーケンサーのオペレータが主ですから」。

学問の世界でも時代とともに社会からの要請の強さは変化していくことは当然で、その時々に高等教育の重点化が議論されるのは間違いではないと思います。最近では量子、ＡＩ、データサイエンスなどが将来の専門職の有望株として日本では脚光を浴びていますが、こうした議論が起こるたびに私が疑問に思うことがあります。将来に備えて特定の分野の教育が重要になるとして大学、大学院生の入学定員を増やしても、受講する学生の能力水準や教えるほうの教官の指導水準や数などの確保は整っているのか？という素朴な疑問です。教える能力のある教官自体の確保や育成から始めないと、十分な数と質の教官を確保できないはずではないか？教育とはそれほど時間をかけて準備が必要なもので、長期計画が必要なはずです。

ライフサイエンス学科で何を目標（内容と水準）に何を教えるのか、学生は何を目標に勉強するのか、といった当たり前の基礎を明確に認識しないままに「ブームだから」との判断で大学や学科を選択すると、個人的には大きなマイナスを背負うことになります。世界でも数えるほどの限定された先進国でしか創薬は成功していない科学的な難しさがある事さえ意識せずに、あたかも創薬が可能となるような能力の習得ができると誤解させたなら、ライフサイエンス学科の増設に伴う質の確保が及ばなかったと言わざるを得ません。同じことを繰り返さないように注意して欲しいと思います。選択肢をすべて開陳して、選択する行為は本人が行うことで主体的といえますが、誘導されて、いわば受け身状態での選択は、やはり避けねばなりません。無意識の内に誘導される傾向は増える傾向にありますから、注意が必要です。

新型コロナウイルス感染症の蔓延により、テレワークが推奨され、大学生はもとより、小学生に到るまでオンライン授業を受ける時代になってきたのです。これが可能になったのもインターネットのお陰です。15世紀半ば頃にグーテンベルクが印刷技術を発明したおかげで聖書他の印刷物が流布されるようになり、それ以降、文化、宗教など様々に人類の社会活動に大きな影響を与えましたが、インターネットはそれ以上の社会的インパクトを与えたかもしれません。

世の中に大きな影響を与える手段としてのインターネット、あるいはサイバーの世界を学ぶことは、これから働く人には必須と言えます。印刷技術から生まれた書物を手にすることもない人々は文字の読み書きも不自由する結果となり（文盲などとさげすまされて呼ばれる時代もありました）、社会活動から締め出されて不利益をこうむってきたわけです。それに並んでインターネットにアクセスし、利用できない人々は、やはり経済的のみならず様々な社会活動に制約を受けることになります。

インターネット及びそれを使うスマホは、単に生活に便利、といったレベルから大きく飛躍して個人の個々の生活の在り方を支配する影響力や社会の人、モノやコトの動きをコントロールする力を持ってきています。

これほどに画期的なシステムとしてインターネットやインターネットを利用する道具の一つであるスマホを使いこなすことは必要ですが、注意すべきことがあることも事実です。多くの人々にとっては、インターネットやスマホは、生活の「手段」であって「目的」や「目標」ではありません。しかし、終日スマホと向き合う人にとっては何の「目的」でスマホを操作しているのかも曖昧になり、スマホを操作すること自体が「目的」に転化している可能性があります。成熟した社会では、新しく提供された新商品や新技術が生活の「手段」ではなく、気づかないうちに「目的に転化」することはそれほど容易に起こります。問われていることは、君たちの主体的な判断です。

私たちの生活のなかで、個人として選択時の判断を改めて振り返ってみますと「目的⇓目標⇓手段・方法」という構成でなされています。例えば「将来経済的に恵まれた生活を送りたい」を目的と置きますと「処遇の恵まれた職業に就く必要があり、待遇の良いグローバル企業である○○会社へ入社したい」と考えると、それが君たちの一つの目標になります。「その為にまず一流大学と評判の高い◇◇大学への入学を目指す」と考えると、これも中間目標になるのではないでしょうか。さて、その方法としてアメリカの有名大学に入るにはどうすればよいのか、日本の一流大学を狙うにはどうするのか、君も考え、先生、親にも相談するでしょう。このようにして多くの人々は日常の中で明確に判断を迫られる契機は実に多いことに気づきます。

ところが国の将来、あるいは大きな企業の将来など大きな組織の判断を、公表されている中長期計画などの情報で見ますと「目的⇒目標⇒手段・方法」という思考経路が曖昧に表現されているケースが少なくありません。身近で話題になっている政策や将来就職するかもしれない企業の中長期経営計画などを、この視点でしっかりと見ていく必要があります。公開情報は守秘の点から発信が抑制されているのが普通ですが、その範囲内であっても「選択の判断」は君自身が主体的に行うことであって、インターネットやSNSによって「無意識下での選択誘導」に乗せられない注意が重要なのです。

3-2 学習はPDCAで成り立つ

わたしたちは、日頃何かやればその結果が出てくることを知っています。運動すれば体力がつくかもしれませんが同時に疲労もします。疲労しすぎると眠くなって学校の勉強が疎かになることもあります。それでは拙いので明日の練習は少し軽くやろう。このような繰り返しの中で様々な経験を基に学び成長していくわけです。それを「生活の知恵」と呼ぶこともあります。

　何かに失敗した時に「起こってしまったことは仕方ないし、元へは戻らない。だから前向きに向かっていこう」と言って励ますことは屡々あります。私も励まされたり、励ましたりした経験が何度もありました。しかし、会社の管理職になってから、優秀な部下を励ますときにこのやり方でいいのだろうか？と、ふと疑問に感じたのが、ＰＤＣＡを意識し始めたきっかけでした。ＰＤＣＡとはPlan（計画）⇒Do（実行）⇒Check（評価）⇒Act（対策実行）の頭文字をつないでできた略語です。ＰＤＣＡは、もともとは企業経営の効率性、労働生産性を向上させる目的で創出された考え方ですが、実は私たちの日常生活の中でも無意識に採用しているのを知っている読者も多いのではないでしょうか。

　しかし、これからお話するＰＤＣＡは、このような「生活の知恵」とはやや趣がことなり、改めて意識して行わないとその成果を活かすことができないものです。研究者のみならず職業生活を送る上でも基本となる考え方です。実は当たり前のことで特別に言うことではないかもしれませんが、あえて表に出して意識すべき、という意味でここに紹介しています。特に高度成長期とは異なり、目立った成果を出しにくい成熟した社会になるからこそ、最も実施すべきPDCAなのですが、逆に言い訳を付けてそれを行わないようになる傾向が世の中では強くなっているように感じています。

人は仕事や勉強など重要なことで何かをしようと計画し（Plan）、その為に準備をして実行（Do）すれば、なにがしかの結果が出てきますから、それを評価（Check）して次の一歩へ進む（Act）ことになるのです。こうした繰り返しが仕事のみならず社会生活で行われているのです。ここで敢えて取り上げたのは職業生活を送る上では、意識的にPDCAを回すほうがより効果があるからです。

順を踏んでPDCAを考えてみましょう。初めに計画「P」を立てます。その仕事が上司からの指示であっても君自身の発意であっても構いません。ここで特に重要なことは、目標を具体的に設定することです。組織の中の従業員であれば、上司がいて彼が部下に仕事を指示するわけですが、指示された仕事の目標が曖昧な場合が少なくないのです。具体的な目標設定こそ職場の上司の仕事の筈なのです。組織としての目標及び、その中で働く各担当者の目標設定をするためにいるのが上司といっても差し支えないぐらい重要です。

目標が曖昧ですと、それを達成するための手段も適正に選択できない、あるいは絞り切れなくなり、結果的に業務スピードが遅くなり、労働生産性が低下しがちです。成熟・飽和時代を迎えた今、具体的な目標設定が実は一段と難しくなっているのです。

従来からの実績の延長に新たな具体的目標の設定が困難になるにつれて、それを曖昧にするケースが増えるのです。ある大企業に入社して3年で退職した若者の話を詳細に聞く機会がありました。聞けば聞くほどに驚いたのが仕事の目標設定の曖昧さです。彼の上司であった人は、彼との度重なる対話の中でも目標を明示せず、他方、日常の作業、例えば週間予定、日誌の作成などには事細かく意見してくるのです。退職した彼は「面白くない会社なので退職した」と言っていますが、もっと正確に辞めた理由を分析することで彼の職業人生にこの経験を有効に活かせるでしょう。最近、入社間もない若手の新人が退社するケースが増えているそうですが、その退社理由を正確に分析、把握することで日本企業の業務推進の基本課題が見えるかもしれません。

私は総合科学技術会議に6年、ＪＡＸＡに5年務めましたが、驚くことにこの目標が定性的に表現される政府の科学技術施策が実に多いのです。施策が「目的⇓目標⇓手段・方策」のそれぞれのステップで明確に提示されていないことが少なくないのです。個別の施策は複数の研究テーマで構成され、それぞれのテーマに公募で選ばれた責任者がいて割り当てられた予算を使って研究を行うわけです。研究テーマの責任者（多くは公募で選ばれた大学教官）は施策の目標達成より、自らの研究テーマへの予算獲得に熱心になる傾向にあり、全体として統一した目標達成を目指した施策推進になりにくいのです。

私の理解では、企業の研究開発の仕組と政府のそれの大きな相違の一つが、具体的な目標設定の有無とその達成に向けた戦力配分（研究費や研究者）ではないかと思います。科学技術施策は、政府の大きな政策の一環ですから、その意義は繰り返し強調されるのですが、政策を構成するそれぞれの個別の施策目標は定性的表現に留まり、関係者が一致して共通理解できる表現にならない場合が少なくないのです。

「革新的」「画期的」とか「次世代」「新世代」とかの形容詞や副詞を多用し、具体的に数値で記述し、誰もが共通認識できる目標になっていない場合が多いのです。私は、各府省と度重なる、真剣な議論を重ね、少しでも共有できる目標表現に変えるように進言してきました。しかし、やはり十分に指導し切れなかったことは悔やまれます。目標が定性的であると予算が実際の作業に幅広に消費され、結果的に予算額も膨らむ傾向となり生産性が低下する恐れがでます。得られた結果についても「政策意義への貢献」という形で定性的に評価されているのです。目標が定性的ですから、その「成果」を評価する時にも定性的にならざるを得ないのです。つまり、私の見方での実効的な成果は時間と資金を消費したわりには、乏しいことになります。

一緒に仕事した同僚（官僚）は「成果の表現は、必要に迫られた、その時に決めればよいのであって、裁量があった表現にしておいたほうがやりやすい」と呟いていました。これではＰＤＣＡを回すにも、もはやチェックができないことになります。したがって、次に来るActも曖昧なことにならざるを得ないわけです。

科学技術政策に基づくプロジェクト型の研究開発で「目標の定性表現」については、総合科学技術会議でも問題提起し、検討を要請しました。強い反対はなかったものの積極的な賛同を得られず、この議論の進展はありませんでした。その主たる理由が、例えば「研究開発では途中で何が生じるか、どのような新たな知見がでてくるか予測できない。したがって、固定した定量目標の設定は相応しくない」というものです。研究の途中で何が起こるかわからないことは当然なのですが、それゆえに目標を定量的にしないことの理由にならないのではないか、というのが私の意見です。何故なら設定する目標は、必要に迫られた課題の解決及びその解決によって得られる成果・効果を基に決めるものだからです。

他方、その為に行う研究開発はその課題解決の一つの方策であって、企業であるなら外部から技術導入する選択肢も考えるわけです。また、会社で研究開発を長くやった実務経験から言えば、研究開発の途中で予期せぬ出来事が起こることは屡々あり、むしろ想定どおりに進捗したことはほとんどなかった、と実感しています。そうした事態になった時には、目標の変更要否やアプローチの変更可否を検討し、場合によってはそのテーマの継続要否まで議論を行い、その結論を関係者で共有するわけです。アプローチを変える場合には、専門能力の異なる研究者に入れ替えるわけで、今まで進めてきたメンバーに代わって新たな顔ぶれで再スタートすることになります。

競争的資金獲得に応募してくる研究者個人の研究テーマでもこの目標が定性的、あるいは曖昧なものが実に多いと見ています。なぜ曖昧なのか?私は、私が審査にあたった若手の研究者に疑問を投げかけてみると「研究の途中で何が出てくるかわからない、したがって、あまり具体的な目標を事前に設定することは難しい」と返答されたのです。これはプロジェクト型の研究開発の場合と同様に明らかにおかしな考え方です。

研究は、自分なりに仮説を持って取り組むものであり、確かに研究途中で想定以外の結果が出てくることは決して珍しくありません。そうであればその時点で再計画、あるいは新テーマ設定すればよいわけであって、具体性を欠く目標の設定にしておく理由にはなりません。このような対話を繰り返していくうちに、更に深刻なことに気が付いたことがあります。そもそもこの研究者は研究上の仮説を持っていないのではないか?、という疑念です。実行中の実験条件の研究はこれまでの文献で見られないので、私はこの条件の実験に向けて研究したい、と主張するのです。これは仮説ではなく、研究の状況説明です。

こうした状況にある研究者の背景に、資金獲得の仕組みに柔軟性が乏しい、及び研究者の職位身分の不安定さなどの要因もあり、決して本人のみの問題ではないと思います。したがって、研究資金の確保、その配分の運用方法の改善などに加え、大学教官の人事流動性の促進や教官を目指す大学院生の教育など、広範な領域を対象にして構造的な改革を行う必要があるのではないでしょうか。この問題は大きくかつ深刻です。

政策レベルで検討されることは常に研究予算総額が中心ですが、それを実行する各研究者の自立的活動に整合がとれる施策を並行して一刻も早く検討・実施すべきでしょう。研究の進め方と研究者の人事（処遇、担当）とは裏腹の関係にあり、一つの土俵で検討し、結論する必要があります。資金総額のみ増やしても研究の実効性が相応に改善されるのか、はなはだ疑問です。

研究開発の業務も他の業務と同じように、業務の質を上げるにはＰＤＣＡを実行する必要がありますが、初めの「Ｐ（計画）」が定性的ですと、以下のＤＣＡを意味あるように回せなくなります。国の研究開発の質の向上に向けて迅速に改革に取り組む必要があると考えます。

ＰＤＣＡの考え方を実施するにあたり、大学院時代の研究は、実は最適な機会です。大学生が大学院へ行く意思があり、状況も許されるならぜひ進学して欲しいと思います。テーマ自体の研究成果も大事ですが、自らの研究プロセス及び成果を基に、このＰＤＣＡサイクルを回すことのできる能力醸成こそ大学院で習得すべき能力ではないか、と私は考えています。社会で様々な仕事を進めていくうえで、頭の片隅にＰＤＣＡを考えながらやることは、考えを整理する上で極めて有効に役に立つでしょう。それには指導教官が重要な役割を果たしますので、後に述べる「Critical Thinking」をも意識して教官の指導を受けることを薦めます。

そもそも「学ぶということ」は、これまでに得られた知見や経験の集大成から知見、教訓あるいは疑問を引き出し、自らの判断や行動の指針にすることです。学校時代は先生から教わることが多いのですが、卒業した後では自らの意志で学ぶことになります。それは君たちが意識する、しないに関わらず行っていることなのです。学ぶ基本を表す言葉がＰＤＣＡです。しかし、一つの仕事で職業生活を全うすることが困難になってきたこれからの時代には、改めてPDCAの考え方は大事になってきます。日々報道されるニュース、出来事をこのPDCAを念頭に置いて見聞し、解釈すると新たに気づくことも少なくありません。

会社に在職時に始まったポスドクからの社員採用の仕組での経験をご紹介します。大学でのポスドクの職位は時限でかつ在職中の経済的処遇も不十分なことが多いので、当時の会社では、通常採用の社員と同等の給与水準を用意（大学ポスドクより高い給与水準）して博士号取得見込みのポスドク者を対象に採用の募集をかけたのです。ただし、ポスドクと同様に期限付き職位で、取り組むテーマは会社側の業務課題に連動したものであり、本人の博士研究テーマの延長ではないことを条件にしました。在職期限満了近くになると、その業務成果を会社が評価し、合格水準にあると認定され、かつ、本人が会社への就職を希望すれば通常の博士採用の社員とする仕組みです。この仕組みに関わっていた私が重視した基本の考えは、本人にPDCAを回す意志と能力があるのか、博士研究のそのままの延長ではない課題の解決に必要な新たな知識の効果的な発掘をする意志と能力があるか、ということです。PDCAを回すにも何よりも本人の強い意志が不可欠ですから、それを最も重視していました。なお、このポスドク採用の仕組みの主旨はその後も継続しているようです。

仕事に不都合があるとこれまでの職業生活のPDCAを考える気がしないことも多く、次の仕事を思いつきで選ぶのであれば、それまでの実績、経験を活かせないことになります。なぜその仕事を選んだのか「P」、改めて思い返して具体的に思いつくことを書き出してください。先生の紹介、採用条件が良さそうに思えたから、業界の発展が期待できそうであったから・・・・様々な要因があったはずでそれらを書き出すのです。「D」についても同様にその仕事の間に行ってきたことを振り返って書き出してください。次の「C」ですが、実はこれが一番難しく、省略してしまう場合が少なくありません。特に不都合があった場合には、それが公になることを避けるためにCheckを杜撰に行うことは屡々あります。社会に不都合な事実や真実は、表にでないことが多いのではないか、と疑念を持つ読者の皆さんもいるでしょう。実はこの「C」という作業にこそ、君たちのそれまでの学習成果、組織でいえば組織能力の強さ、弱さが現れるものなのです。

評価する上で二つの要点を意識して欲しいと思います。この期間全体を通して満足なのか不満なのか、その総括的判断が先に頭によぎりますと、それから逆算して個々の項目を評価するようになりがちです。すなわち、まとめた結論が先に合って、その結論に合うような個別評価する傾向になるのです。それではＰＤＣＡサイクルを使う意味が失われてきます。起こった事、得られた成果、失敗した事など、その時々の事象に対して自分はどのように考えたのか、判断したのか個別に挙げられれば効果的です。それが私の言いたい第一の要点です。

第二の要点は、第一とも関連しますが、可能な限り個別に事項を取り上げて自らの評価を記述してください。決して丸めて（あるいは総括的に）評価しないことです。

ＰＤＣＡサイクルの中で、最も重要なステップが「Ｐ」に次いで「Ｃ」なのですが、その意識が弱いと効果的なＰＤＣＡにならないのです。なぜなら「Ｃ」では、「これまで進めてきた努力、作業を諦めて止める」という最もシビアな判断から多少の作業方法の変更のような微修正まで、幅広い選択肢から判断する必要があるからです。その際に大きな役割を果たすのが、初めに「Ｐ」の段階で設定した目的と目標の再吟味です。言い換えれば、再吟味できるように目的と目標を具体的に設定しておく必要があるのです。最近は、失敗しても責めずに、むしろ長所を誉めることで個人のやる気をだす、という指導指針が流布していますが、自らでＰＤＣＡを回す必要に直面した時に、そうした指導を受けた若者が効果的に対処できるのか気がかりです。

次のステップが「Ａ」です。このステップを行うと実は初めの「Ｐ」で思いついたことを改めて思いだすことが多いのです。総括的結果が思わしくない場合には、その思いだした「Ｐ」の事項が良くなかったから総括的結果が伴わなかった、と直結しがちなことです。しかし、それではPDCAを改まって回す意味は小さいことになります。

このステップで意識すべきは、これまで考えもしなかった、場合によっては知らなかった見方、方策があるのか、と再吟味し、新たに調査するかどうかで「A」の内容のレベルが大きく異なってきます。「C」から「A」へのステップで最も大事なことは、これからに向けての想像力を働かせる努力をして欲しいということです。想像することは新たな知恵の創造に繋がりますから。

必要を感じたら是非とも調査を行ってから後に「A」の改善策を決めていただきたい。それがPDCAサイクルを回すということだと思います。調査によって新たな知見を導入しない限り、単に堂々巡りをしているだけでは、本来のPDCAにはならないからです。

PDCAサイクルを回すことは、自らの仕事の意義向上に極めて有効な考え方ですが、それを実行するにあたっては、上記しましたような努力、とりわけ調査と学習の作業が大事であることを理解して欲しいと思います。

このPDCAを有効に活用している職種の人といえば、多くの人の前で仕事を披露する人たちです。具体的にはプロの運動選手、歌手、演劇人、音楽家など多くの人々の前で自らの特技を披露し、その反応で自らのパフォーマンスが評価され、収入に直結する人々は、お客様の反応を直ちに理解しているはずです、言い換えれば「D」、「C」、「A」のあいだの時間間隔はほとんどない（結果が即時にわかる）ので、このPDCAを回しているようです（本人たちがPDCAを意識しているかどうかはわかりませんが）。

一瞬が勝負の仕事をしているこのような人々は、職業の厳しさを最も実感していると言ってもよいかもしれません。個人経営の経営者は一日単位でこのPDCAを回しているはずです。上場企業の場合には年に一度の株主総会がありますので、その時点でPDCAを回すことになります。過去1年間の企業経営はどうであったのか、結果（事業業績）をどのように評価しているのか、株主への還元は十分になされる業績を挙げたのか、これから何をどの様に改善していくのか等々を株主総会で報告し、審判を受けることになります。結果によっては、役員は結果責任をとって辞任することも起こるのです。

四季のある日本では農業など一次産業に従事している人も年単位でPDCAを回しているはずです。年間の収穫を振り返って、何が課題であるのか、何が優れた対策であったのか、その繰り返しで仕事の改善を図っているわけです。

以上のような仕事に比べて、多くの勤め人のような職種（大きな組織で働く人々、例えば民間企業の従業員、公務員、国会議員、地方議員、教員他）の場合にはそれぞれの人がPD

CAを回すには意識した工夫が必要です。なぜなら、組織全体としての成果と課題、所属部署の成果と課題、それから従業員個人の成果と課題とのそれぞれの関連や分別がわかりにくく、しかも評価結果が出るまでに時間がかかるのが通常だからです。

このような階層構造のある組織で働く人の中で、個人でPDCAを意識して取り入れている人は、私の知る限り極めて限定的です。何か従業員が問題を起こすと、上司は「すぐに関係先に謝りなさい」と指導することが多く、言われた本人も失敗の具体的な原因を自分で納得のいく形で特定しないまま「この度はご迷惑をおかけして誠に申し訳ありませんでした」と頭を下げて回るようになるわけです。この流れの中では私がいうPDCAは全くされていないことになります。これからは一つの会社で職業人生を全うする可能性は減りますから、一つの失敗の経験は、貴重な体験として次に活かすためにもPDCAを心がけてください。

政治の世界でも有識者を中心に「EBPM（Evidence Based Policy Making）」という考え方が議論されており、内閣府に在職時にこうした議論の場に参加したことがあります。字義とおりに解釈すれば、証拠・事実に基づく政策の立案ということになります。言い換えれば今の政策立案がEBPMの観点からみて不十分ではないか、との課題認識のある学識経験者が議論をリードしているわけです。まず国の政策立案にどれだけの国会議員が真剣に向き合っているか、向き合う能力があるのか、など基本課題の検証と並行してEBPMの基本理念を議論し、できればその結論を制度化すれば政治の質が改善される期待ができます。

ＰＤＣＡは学びの基本ですから、教育の中でこそ実施されることが望ましいのです。そこでＰＤＣＡを回す教育の具体例を英国の大学教育に見てみましょう。

英国の大学は約１５０校ありますが、他の西欧諸国と同様に殆どが国立大学です。他方アメリカは、州立大学と私立大学が殆どです。日本のように国立、公立、私立の約８００もの大学がある国は、珍しい状態です。

日本では、大学に入ってしまえば、さほど勉強しなくても卒業できる、と考えている人が多い実態があります。大学進学率が50%以上の国で、入学者の殆どが卒業できるというのは珍しい現象ではないでしょうか。高校から大学へ進学すれば、学習内容が格段に難しくなるのが普通です。懸命に勉強しなければ付いていけないのが大学教育の筈なのです。こうした大学での教育のＰＤＣＡはどのようになっているのでしょうか？

英国のみならず、ＯＥＣＤ諸国の大学での平均中退率（ＯＥＣＤ：Education at a glance 2013）では、約30%に近い大学生が中退すると統計が示しています。これは大きい数字ですが、国際的にも特異的に低い日本は、約10%とされています。いわば大学の教育レベルや経済負担についていけない人たちの数字の割合です。

内閣府に勤務していた時、英国への出張の折に「大学教育の質」の確保に関する取り組み状況を伺いましたが、当時の英国では、ＱＡＡ（Quality Assurance Agency）という組織が全国の大学共通に、専門学科ごとに大学卒業資格を与えるガイドラインを設定していました。「一定レベル以上の教育の質保証」を設定する考え方です。そのガイドラインに基づき、各大学の教育内容や試験レベルにも大学相互の検証の仕組みがあって、ある大学の試験レベルが大学に相応しいか否かを他大学の教員方が認定する仕組みが運用されていました。成績の良くない学生が増えると教員たちが教育方法の改善を図るなど、習得レベルが他大学にも見えますので、大学間で切磋琢磨の改善の努力を重ねることになります。その結果、それぞれの大学の教育レベルを維持しているのです。こうした活動の基本はＰＤＣＡの活用にあります。英国の大学教育のレベルが、社会で認証され、世界でも高く評価されている背景には、ＰＤＣＡの努力があるわけです。

私が会社の研究開発部門で研究管理者として働いていた頃、都内のある国立大学で非常勤講師として学部４年生の授業を一コマ／週を受け持っていました。知り合いの教授よりの依頼を引き受けて実現したものです。「人を教育する」ことの大事さや恐ろしさを意識していましたので大変緊張してその依頼を受けしました。担当した半年間は、会社の仕事もそこそこに授業の準備を一生懸命行い、授業にも様々な工夫を取り入れて行ったのです。そうして迎えた学期末試験ですが、レポート提出形式の修了認定を行いました。受講生約30人のうち、大学生とは思えない内容レベルのレポート提出が約半数あったことに、私は大変驚愕しました。その評価結果を学科主任の教授へ提出し、特に内容の酷い４名については、不可相当のコメントを付して、成績評定と対策の検討をお願いしましたが明確な返答はありませんでした。今にして思えば、ＰＤＣＡを回せなかったと反省しています。

改めて考えてみれば、何かを実行して生じた不具合の原因に対峙して少しでも改善を指向するのであれば、ＰＤＣＡ指向になるのは当然の判断、行動系列なのです。言い換えればＰＤＣＡの見えない営みには何かの不都合が隠れている可能性があります。

少し面倒な手続きの考え方を紹介しましたが、実はＰＤＣＡがうまく回らない主な理由は、そもそもこのような思考回路があることを知らなかったことも一つの理由ですが、他にもあります。「Ｐ」と「Ｄ」はこれからのことで前向きな対応ですが、「Ｃ」と「Ａ」は生じた結果に正面から向かうことになりますので、うまくいった場合には前向きになれますが結果が思わしくない時には、落胆こそすれ正面から改めて向き合うことは避けがちになります。むしろ、敢えて避ける判断をする人もいます。経験した事例を今後に活かすためには、ＰＤＣＡを回避したい誘惑に逆らって乗り越える必要があり、君たちの強い意志が必須です。成熟・飽和した社会ではＰＤＣＡを回すことの困難さは想像に難くありませんが、それだけにこれからの生き方に君たち自身で活かす価値があるのではないでしょうか。

君たちにＰＤＣＡを使う意思があるのであれば、推奨したい事項があります。それはＰＤＣＡのいずれの段階においても因果関係に重きをおいて検討することです。例えば「Ｐ」→「Ｄ」でみても想定外の因子、要因が入るのが常です。例えば、屋外活動が中心の場合には、例年以上に悪天候が続いた結果、実行が計画どおりに進まなかったなどの状況は何時の時代にも起こり得ることです。その時、どのような工夫を加えたのか、最終結果にその効果がどの程度影響を与えたのか。こうした因果関係を含めた考察がＰＤＣＡ使用の実効性を上げることになりますので、ぜひ心に留めておいて欲しいと思います。

大きくかつ長期間の枠組みでＰＤＣＡを捉えて、将来の日本の国際競争力の立て直しを考えますと、特に高度経済成長期から現在までの約50年間における産業界、及び１９９１年の「大学設置基準大綱化」から今日までの約30年間の大学・大学院の教育研究に関わる高等教育界について、海外の見方も交えて第三者委員会での検証が必要ではないでしょうか。

3-3 骨格を見通す考え方：「Critical Thinking」

「Critical Thinking」を直訳すると「批判的思考」となります。そもそも「批判的」と書くだけで、身構える人が多いのではないでしょうか。「批判的」というと、ある事象の評価に対し、否定的に評価する意味合い「粗探し」の意味合いが語感にあるからです。例えば、『広辞苑』で「批判」を調べると①物事の真偽や善悪を批評し、判定すること　②人物・行為・判断・学説・作品などの価値・能力・正当性・妥当性などを評価すること。否定的内容のものをいう場合が多い、とあります。日本でよく使う局面は②の後半部分に相当する場合です。

そこで「Critical Thinking」の意味を正しく伝える意味で英英辞書の定義を初めに見ておきたいと思います。この言葉や概念の発祥の地は欧州だからです。

・Oxford辞書：*The objective analysis and evaluation of an issue in order to form a judgement.*
・Cambridge辞 書：*The process of thinking carefully about a subject or idea, without allowing feelings or opinions to affect you*

各辞書によってそれぞれに表現は異なりますが、いずれも根拠の明確な、客観的な評価を行うものであって個人的な感情などを入れずに考え、判断すること、という意味になります。ましてや日本語の語感にある「粗探し」とは全く異なる概念、言葉なのです。「Critical Thinking」という概念はそもそも欧米から日本に持ち込まれたものですので、彼らの考え方を正しく理解して使う必要があります。

批判する人は、やや急進的で保守的な権力に距離を置いている人、と誤解する使い方が日本の中ではありますが、英語の本来の字義にはそうした意味合いは見あたりません。しかし、否定的に捉えるためか、この概念を忌避する傾向が日本では多く「Critical Thinking」の言葉や概念はなかなか普及しません。

客観事実を最も尊重する学術論文で、ある研究分野の現況を俯瞰的に解説する論文をその分野の専門家が発表することがしばしばありますが、そうした論文を「Critical Review」といい、学術研究の進歩に欠かせない重要なものです。その著者もまたその執筆内容・表現において学界から評価を受け、記述によっては執筆内容が批判を浴びることもあります。例えば、論文の中で特定の研究者の業績を無視する、あるいは貶めるような表現を仮に行ったとすれば、その論文はもはや「Critical Review」とみなされなくなるわけです。加えて著者の学界における評価も低下することになります。

英語の「Critical」には、日本語の「批判的」と訳すには不適な骨太の考え方が根底にあると思います。「Critical Thinking」で使うCriticalは、この意味の表現であることをまずは理解して欲しいのです。

日本も参加しているＯＥＣＤは、世界経済の開発を促進する、先進諸国38か国で構成されるシンクタンクですが、２０１８年に「Education 2030」[14]と題した子供の教育指針を発表しました。この指針は２０１８年に入学した子供の12年後の育ちを想定した教育指針を検討した内容です。その冒頭の一部を抜粋してみます。

Competencies to transform our society and shape our future.

Building on the OECD Key Competencies (the DeSeCo project: Definition and Selection of Competencies), the OECD Education 2030 project has identified three further categories of competencies, the "Transformative Competencies", that together address the growing need for young people to be innovative, responsible, and aware:

- Creating new value
- Reconciling tensions and dilemmas
- Taking responsibility

実はこの指針の中でも「Critical Thinking」が言及されているので、ここで取り上げています。

これからの世の中は不確実で混とんとした状態となっていくと想定されるものの、その社会を少しでも良い方向に変えていくために、子供たちが育むことが必要な能力を三つに大別したのが上記の序文に相当します。

この中で、人類の成長のために新しい価値の創出が必要であること、その過程でお互いの利害や意見の違いが顕在化することが想定されますので、そうした状態を乗り越える能力が重要になってくることを初めに確認している指針です。私が特に注目したのが第二項目です。事柄の緊張関係をほぐし、矛盾を解消していく努力とその能力が必要であると明記されていることです。子供の教育指針に緊張やジレンマなどを乗り越えることが指針と明記されている例を、これまでに私は見たことがありません。これからの世の中がこれまでとは明らかに大きく異なっているのは、直面する課題の性格が極めて複雑になってきているからです。

また、OECDの中核を成す欧州では、多様性の考えとその実地での普及が進んでいるようですが、それは同時に、意見の相違など相互関係に緊張をもたらす可能性があります。このような大きな流れを踏まえているからこそ第二項目及び第三項目が重要な能力とみなされている、と思います。その能力醸成にはもっと総合的に（in an integrated way）考え、振る舞うことを学ぶ必要があると記述されています。

子供たちが、将来に向けて何が必要となるのか、その為に今現在で何をなすべきなのかという判断をするに必要なのは、意識された能力、具体的には「Critical Thinking」の考えや訓練が重要であるとされています。

ＯＥＣＤの「Education 2030」にも明記されているように、これからの世の中は、資源制約、食糧制約などに加えて、地球上の人口増などが加わり、益々複雑に利害関係が絡むようになるわけで、そうした課題に対処するには様々な知識、知見を動員して検討することが求められています。様々な知識をバラバラに知っているだけでは有効な知恵が生まれないことは当然です。

したがって、この指針が指摘するように考える方式は「in an integrated way（総合的に）」で行うことが大事です。このことには、他ならぬ「Critical Thinking」が基本にあります。ＯＥＣＤ加盟国のような先進諸国では、経済成長は鈍化し、社会は成熟し飽和状態になっていきますが、それは同時に人々を二極化へ導く分断や対立を招きやすい社会構造を懸念させるものです。君たち自身でこの考え方や見方を習得しておくことで君たちの考え方に前向きな判断をもたらしてくれることを期待できます。

「Education 2030」の作成に参加していた文部科学省ですが、令和4年度（2022年度）より実施され、新高等学校学習指導要領(15)の中に記述された「総合的な探究の時間」の内容は、各生徒が特定した課題に対して内容を分析し、必要な情報を収集した上で自らの考え方をまとめて発信することを学ぶような能力・資質の強化目的とした学習と理解しました。「Education 2030」の基本的な考え方と近い内容ですが、日本の高校生もこうした学習を通して、課題を複相的に捉えて理解し、対処の仕方を考察する能力を更に強めて欲しいと期待しています。

私が「Critical Thinking」を最初に経験したのは、会社在籍中に国際鉄鋼連盟の技術委員会の日本代表を10年近く務めていた時でした。1990年代のことで、各国、各地域の鉄鋼業が抱える技術課題の解決に向けて、解決策を模索する会議です。国際市場ではお互いが競合相手ですが、エネルギー効率の向上あるいは排出CO_2の削減など共通の課題への共通解を模索する、神経の疲れる会議でした。一年に数回開催される会議で、約10数人の各国代表の委員と事務局の出席で開催され、予め定めた議題について意見を述べ、質問を受ける形で会議が進められ、最後にまとめを採択し終了となります。

議題の数と性質によりますが一回の会議は休憩をはさんで3～4時間かかります。議題によっては、味方として組む代表を想定した発言をしないといけませんし、当然のことながら日本企業の利益を優先的に考慮する必要もあります。こうした状況は、日本代表の私にだけ当てはまるわけではなく、各国代表も同じ立場にあるのです。

そこで、しばらくしてから気づいたのが委員の発言構成が、今でいう「Critical Thinking」に近いものになっていることです。初めから自国の鉄鋼業の利益になるような論を展開する人は殆どいないことに気づいたわけです。世界の鉄鋼業が直面する課題や、将来に顕在化すると予想される課題に関する見方や対処の指針などから議論を始める代表が多いのです。この段階は学術論文でいえば、いわゆる「Critical Review」に相当します。ここで挙げた考え方や見方に他国代表の同意を取り付けることが肝要で、仮に瑕疵を指摘されるとその後の持論の展開が困難になってきます。したがって、このレヴューは極めて重要です。

しかし、勘の鋭い人は、このレヴュー段階でその後の自国利益に誘導する論理が読めるようです。そこまで先読みして、レヴューで展開する課題認識や意見の妥当性に質問したり、意見を付け加えたりするなど、各国間の駆け引きが行われるのです。

このレヴューの後に、自国の鉄鋼業が抱える課題を提示し、その課題が実は各国に共通するとの指摘を行い、取り組みの賛同を各国代表から得る議論を展開するのです。

この時には「Critical Thinking」といった言葉や考え方を知りませんでしたが、今から振り返りますと恐らく私が経験した初めての「Critical Thinking」ではなかったかと思います。それぞれの利害を抱える複数の代表が意見を交換し、一定の結論を得るには、各代表が「Critical Thinking」の結果を開陳して議論することが結論を得る上でも最も効果的、効率的であることを理解できるようになったのです。冒頭から自国有利の主張を展開しますと他者は同調しませんし、対立だけが鮮明になって、結論をまとめることができなくなります。

世界経済の現状と将来を展望する世界経済フォーラムが発表するリポートにも「Critical Thinking」を働く人にとっての重要な能力の一つとして、たびたび習得の必要性が指摘されています(16)。複雑化し、解くべき課題がビジネスの世界でも増えてきている動向に対処できる能力として、その強化を説いています。

ビジネスが世界に展開していくと地政学的な問題（ロシアのウクライナ侵攻、中国でのウイグル人の人権問題ほか）、価値観の多様化、気候変動など、半世紀前までは特に課題とはならなかった諸問題が、今日ではビジネス展開の上で避けて通れない状況を迎えています。単に「良いモノを作ったら全世界で売れる」といった古典的な商売はもはや通用しない時代です。こうした課題をも斟酌《しんしゃく》しながら、それぞれの地域でビジネスを成功させる人材を企業が必要としているわけです。

「Education 2030」では、初めにCreating new valueが掲げられ、次のステップとしてReconciling tensions and dilemmasが指摘されています。緊張や難しい選択に直面した時の対応で、Reconcileは「和解」と理解されています。自らの意見が出席者の100％から賛同を得られれば問題は無いのですが、多くの場合には、そのような道筋をたどりません。そこで何かしらの「妥協」あるいは「和解」が必要になってきます。さもないと会議は決裂する恐れがあるからです。

しかし、和解とは『広辞苑』では「相互の意思がやわらいでとけあうこと」とありますが、実際にはそこに至るには困難が多いのが普通でしょう。この意味ですと、自己主張のトーンを落として、何か精神的に穏やかになって合意を見出すニュアンスになります。さらに「お互いが譲歩し合って合意、一致点を見出す」ことが民事の争いなどで使われる考え方のようです。日本語の「和解」には何か自己犠牲、譲歩を伴う語感、感覚があります。しかし、元々の英語Reconcileの意味は「To find a satisfactory way of dealing with two or more ideas, needs, etc. that seem to be opposed to each other」（『Oxford現代英英辞典』）とあります。つまり当事者の一方あるいは双方が「譲り合って一致点を見出す」とは記述されていません。

したがって、Reconcileは「双方意見の中間点に着地点を見つける」ことで答えを探すことではなく、第三の答えを探すことではないかと思います。厳密に言えばReconcileは日本語の和解や妥協とは異なる意味が含まれているような気がします。欧米の会議参加のメンバーは、それぞれが必ず自らの所信を発言しますから単純に相対する二つの意見に集約されて、いずれかを選択して妥協するという結末にはなりにくいのです。

同様な状況を日本の会議に置き換えてみますと、よく見られるのは牽引する役割やポジションの人が一定の見解を発言すると、会議参加者は、その見解に同意する人と同意しない人との二極化が容易におこり、その他のメンバーは自らの意見を述べることもなく、いずれかの見解に雷同するケースをこれまでに数多く見てきました。ある意味、容易に二極に集約されやすいので、最後は中間に答えを求める「妥協」をして、結果的に「和解」にいたる場合が多いのではないでしょうか。

しかし、対峙する両者の中間に答えを求めるのではなく、第三の答えを案出することは極めて重要なことであるにも関わらず、その大事さを日本では教えていないように思いますが、君たちはどう感じていますか。それには、参加者が容易に二極化されることなく、それぞれの意見を発信して意見交換することが大前提です。その中から第三の案を捻出する作業です。日本語の「和解」よりは難しくなりますが、Reconcileは重要な考え方だと思います。

複雑化していくこれからの社会で最も基本的な振る舞いである、自らの考えを発信して周囲の人々に「私たる（Identity）」を理解してもらうことの重要さを深刻に考える必要があります。付和雷同するメンバーは、会議への参加資格に欠けているとみなされる恐れがあります。日本でも多様性の議論が広まってきましたが、その大前提は、各個人が自らの意見を発出することから始まるのであり、決して「右に同じ」といった雷同を認めないことです。

日本の政治や企業などの組織的な動きの中で、ジェンダーギャップなど社会の基本構造が長年にわたって変化しない原因への考察も様々されていますが、私が持っている仮説は「参加メンバーがそれぞれの考えを発信することなく、二極化された、特定の意見のいずれかに賛同することで組織の意志決定がされている」ことにあるというものです。なぜなら現状肯定に繋がる特定の意見を発する人は、多くの場合、その集団の中でそれなりの指導的な地位にいる人だからです。私たちの一人ひとりの顔つきが異なるように、何にどの様に感じ、考えるかは各人で異なるはずであり、二つの意見のいずれかに収束される現象は不自然そのものであると思います。多様性を認めるとは、そもそも各個人が多様な存在であることに基本的価値を認め、それを表現することにあるはずです。

第三の道を探すことは少し難しい言葉でいえば、弁証法の考え方です。ドイツの哲学者であるヘーゲルが前向きに提唱した考えで「正・反・合」と論理展開する考えです。一番大事なことは、決断を迫られたとき、私たち自身が最重要視する価値観は何なのかが問われていると思いつくかどうかです。したがって、反射的に「賛成、反対」のいずれかを結論するのではなく、私たちが大事にした価値観は何かを改めて心の中で再確認してみることで、自らの答えを準備することができるのです。

なお、ここでは「Critical Thinking」の経験を国際会議でした事例を紹介しましたが、日常で直面する課題や話題について判断する際に「揺るぎのない全体感を見通す」ことが「本当の姿」を知る上で有効な考え方であることを理解して欲しいと思います。残念ながらこうした考えの発信地は欧州にあり、私たちには馴染みが薄い考え方です。

君たちがそうした考え方に違和感をいだき、無関心であり続けても、決して無関係にはなりえない現実があることを否応なく気づかされるでしょう。地球上では様々な利害対立が益々グローバル化し、しかも深刻になってくると予想されているからです。したがって、OECDの子供教育むけの教育指針にも、こうした考え方が採用されていると考えています。

3-4 「二分法」：個別に分けて見えない恐れ

「二分法」とはあまり聞いたことがない言葉だと思います。しかしながら、これは私たちが日常使う思考や検討形式の一種で、冒頭に個別に箇条書きにして項目として整理するやり方で無意識に頻繁に使っています。複雑化する社会問題の解決や改善が迫られることが多くなるこれからの時代に「解決案の本質を踏まえて大きく捉えると二つの意見に集約されます。そのいずれかの選択から始めて議論するほうが効率的ではないか」といって二択の賛否に誘導することがしばしば行われます。これは先に述べた「Critical Thinking」に基づいて考える人にとって、最も注意を必要とする局面なので、ここで取り上げています。

わかりやすい二分法の例を挙げますと、女性と男性、文系と理系、基礎と応用、科学と技術、トップダウンとボトムアップ、スペシャリストとゼネラリストetc. 一般的に書きますと「AとZ」と言えばよいでしょうか。主に科学や技術に係る事例を挙げましたが、二分法はもちろんそれらに限られる話ではありません。私たちの思考の構造が「白か黒か」、「アナログかデジタルか」、「保守か革新か」「品質向上かコスト削減か」と言う具合に二者択一、あるいは二項対立の形に落とし込むことでわかり易くなったような気にさせることが少なくないわけです。

二択に整理したのち、足して二で割る方式の妥協か、あるいは指導者の鶴の一声「Aでいいですよね」のいずれかでその組織の意思決定がされることになります。いずれにせよ旧来の延長路線が維持されることになるわけで、先に示したとおり、新しい世界は現れてこないのです。実は、このようにAかZか、と二つに分けて意見集約する日本の議論が、深刻な問題を日本に生じているのではないか、と私は思っています。それほど「二分化」は、私たちの考え方を旧来の類型に束縛しているのではないか？と感じています。

今のデジタルの時代では、個々の要素が確固として存在を示し、ほかのデジタルデータとの融合などで新たな価値創出ができる状況になっています。それほどにそれぞれの輝く個は貴重な存在なのです。私たちは多様性の重要さを意識するようになってはいますが、それは同時にデジタル技術との融合によって具体的に新たな価値創出に活かせる可能性があるのです。活き活きとした個を生かさずして多様性の効果は享受できません。何が新たな価値なのかを認識し、その創出方法を競い合うことが、まさにデジタル市場で今生じている産業競争なのです。その先陣を切っているのが、デジタル時代の重要な産業戦略としてのビッグデータの活用です。各種の座標軸のもとに集約された膨大なデジタルデータを、期待する価値座標へ変換することで新たな価値創出することを狙っています。

つまり、多様性の時代、デジタルの時代に、今までのような「二分法」はあまりにも雑駁《ざっぱく》で本質を見失っている考えと言えるのではないでしょうか。若い君たちには、早急に離脱をお勧めするのもこうした考え方からです。

この分類の意味するところはAとZとでは大きく意味が異なり、どちらかを選択するときに「頭の整理として」という言い訳の下で用いられるやり方です。ところがこの比較が時には意図的に互いに競合するように議論されることが少なくありません。

私も大学進学にあたって文系、理系の選択に悩みました。進路によって入試科目が変わるからで、どちらへ進むかを決断したうえで高校の履修科目を選択しないといけないわけです。私の初心は、何となく文系志望でしたが、両親は、これからの時代に益々必要となるのは、むしろ理学、工学の世界ではないか、といって理工系に関心を示していました。

一週間ほど堂々巡りの自己問答を繰り返して悩んだと思いますが、最後に決断した進路は、理系でした。物理に関心があったことも一つの理由ですが、最大の判断理由は、以下のようなものでした。「高校生に文系、理系の選択を迫られても、改めて考えると、どちらの系統の学問のイロハも知っていないではないか、それならとりあえず親の薦めにのって理系でやってみて、関心が深まらないならその時に転進を検討しても遅くないのではないか。ある程度納得してから自分で進路の決断をしたい」。実に尤もらしい理由付けでした。手を付けてみて、その中で面白味や意義を見出す、発掘するというのもある種の独創性あるいは個性なのかもしれません。

大学へ入学後、高校時代は得意科目と思っていた数学、物理の授業の難しさは、高校のそれとは似ても似つかない格段上のレベルで面食らうことが多くありました。一方、さすがに最高学府の教育レベルだ、としみじみ実感したものです。ただし、それは自分だけではなく、猛勉強している周りの同級生も同じと知り、私も勉学に勤しみ少し安心しました。従来からの関心事であった文系の科目が、一般教養科目として選択できる仕組みになっていましたので、法学、経済、政治、国際関係論、教育学など多数の科目もどんどん欲に受講しました。私の言う「広角の学び」です。「関心を持っていた」からこそ受講する気になったわけで、その関心は、高校時代に好きな教科や読書で培ったものです。しかも、当時はいくつの科目を受講しても追加の授業料を支払う必要がなかったのも、私にとっては幸運でした。

これらの教科内容を十分に咀嚼できたとは思いませんが、基本的な考え方の理解とそして何よりも強い更なる好奇心を育んでくれたと思います。その好奇心こそが会社へ入って様々なビジネス課題に直面した時に学ぶべき書物や論文を読み解く努力の原資になったのではないか、大いに有効に機能したことに感謝しています。

いわゆる大学院重点化の文科省政策が導入されて、文理を更に細分化して特定の学科ごとに入学試験を受けさせる大学が急増したのですが、新課程を経て卒業した新人が入社した頃から私が気づいたことは「自分は○○の専門家です」と自らの卒業した学科の専門性を主張する人物が増えたことです。確かに学部4年間更に修士課程2年間、電子工学を学べば「電子工学専門家」と自称してもいい知識を有しているのかもしれません。ただし、同時に近隣の学問である材料工学、機械工学などには造詣が深くないことを自ら認めています。

身に付けた学問に対応して企業の仕事があるのではなく、業務の課題に応じて種々の専門知識を動員して解決するのが仕事になるわけで、初めから自らの専門を強調しすぎますと、取り組むべき課題への対応が難しくなってきます。会社の管理職になっていた私が彼らに諭したことは、私が入社時に先輩から教えられた言葉「そもそも専門家とは、自称することではなく、何か仕事を成し遂げた時に周りの人々がその業績を高く評価して、君たちを賞賛するときに使う言葉なのです」を紹介し、大学で学んだ専門科目をもって自分を専門家と称するのは尚早ではないか？ということを諭しました。君たちが学んだ科目に対応して会社の取り組むべき課題が設定されるのではなく、マーケットニーズ、世の中の課題解決に向けて設定されるのが普通です。二分化、更なる細分化によって取り組める課題を見落とし、おそらく彼らが保有していただろう潜在ポテンシャルを活かすことができなかったとしたら残念なことです。

あるアンケート調査によれば「新入社員は入社3年後までに30%が転職する」。その理由の第一が「希望していた仕事ではなかった」といいます。それぞれ転職理由は個別には違うと思いますが、そもそも長い時間をかけて就職活動し、何を期待してその企業を希望して就職したかわかりませんが、30%とは極めて高い数字だと思います。

もし終身雇用を期待して就職したのなら、新入社員側にすでに認識の齟齬があります。入社を決断する時にA社かB社の選択で悩むことはよくあることで、最終的には決断しなければなりません。決断して入社し、3年ほどで「仕事が期待していたものと違う、面白くない」とか、私の知り合いのケースのような「上司の指導が充実していない」などを退社理由に挙げている人がいるようです。新たな環境に入った時には、それ以前に抱いていたイメージと異なる局面が出てくることは当たり前です。その中で、何が課題で、どうすれば状況改善に繋がるかなどの自発的な発想のない人は、仮に転職してもうまくいかないだろうと推測します。何よりもまず課題発掘能力が重要であり、そのために、就職先の選択で大事なことは、自らの価値観を予め整理しておくことです。つまり「何を求めて企業を選択するのか」ということです。

高度成長期に育まれた「就職」より「就社」という考えが、君たちの頭の根底にあればそれは払拭する必要があります。その際に、大学や大学院で学んだ学習は、自分の一つの基礎基盤として生かすことは大事ですが、それのみにて何かを成し遂げようとすることは恐らく難しいことを理解しておく必要があります。

総合科学技術会議議員であった時に、よく聞いた議論は「科学研究はボトムアップ式で行うべきで、企業が行うトップダウン方式はなじまない」です。このように対象を二分し、しかも対比的に説明すると一見わかり易く見えますので、屡々採用される議論の方法です。私がいた会社や他の民間企業の現実は、このような研究管理をしているわけでもなく、取り組んでいる課題の目的、目標に相応しい進め方を工夫しているはずです。大学の学長が個別の研究室の研究テーマを決めることは無いでしょうが、研究室単位でみれば、研究室を主宰する教授は配下の研究者の研究テーマを決めているケースは極めて多いのです。そのことに教授たちは、トップダウンとは言わずに「教育者による研究指導」と言い換えています。議論の前提というべき諸事情がいつの間にか忘れ去られていずれかの選択を迫る議論へ繋がってしまうので注意が必要です。

最も印象的な議論であったのが科学と技術の違いを表現することでした。政府やマスコミでは科学と技術を表現するときに「科学技術」と四字熟語のように表現することが定着していました。この言葉は、英語の「Science and Technology」に対応する表現で、マスコミを含めてあたり前のように国内では流布していました。

ところが、或る総合科学技術会議議員が「科学技術という表現では、技術のための科学を連想する、科学が技術に奉仕する印象がある。純粋な科学が表現されていないのではないか」との問題提起を行ったのです。この話を聞いた時、私は??と思いましたが、この話題は学術会議や総合科学技術会議でも議論の対象になりました。学術会議議長は、重要な案件について内閣総理大臣へ手渡しで意見具申できるとされています（政府の言葉で「手交」）。私は手交に値するほど重要な案件ではない、と意見したのです。しかし、当時の学術会議は「科学技術」に代わって「科学・技術」と公文書には記述すべきとの意見を手交したのです。

冒頭に挙げた二分法の例を改めて眺めてみますと、両者を含んだ上位の考え、概念で捉えることができます。例えば、男女の上位といえば人間、文系と理系でいえば学問、トップダウンとボトムアップといえばマネジメントといえるでしょう。この並びで科学と技術を捉えた上位概念を一つの単語で表す適切な表現がないので、日本語では科学技術といい、英語では「Science and Technology」と表現しているわけです。決して技術の発展に資する科学の意味を指していません。科学技術という表現が技術のための科学であると誤解されるという意見そのものが誤解からでている、と私は考えています。

実は二分法が用いられるときは、その上位概念を二分化し、あえてその一方の意義や意味を強調するときにしばしば用いられる論法であることに気づいて欲しいのです。両方が有意義であると言いつつも、片方がより重要である、と主張する論法ですから。聴く方が選択誘導される恐れが高くなります。

総合科学技術会議の民間議員の多くは大学の教授で、この方々は、科学的な研究成果が挙がって、その知見を基に技術がつくられ、結果として国の経済繁栄に貢献する、と考える傾向が強いのです。つまり基礎研究⇓応用研究⇓開発⇓事業化という流れで発展段階を捉える考え方であり、民間企業でもこのモデルを採用した時代があります。発祥はアメリカで、１９３７年にカロザースがナイロンを発明したDuPontが走りとされ、その成功に刺激されてＩＢＭやＡＴＴといった大企業が基礎研究所を社内におき、盛んに基礎研究を奨励したわけです。

その後、アメリカの企業の基礎研究からいくつものノーベル賞受賞研究成果が出てきています。例えば、IBMのワトソン研究所、ATTのベル研究所ではそれぞれ6件、7件の物理学賞の栄誉に輝いています。高度成長期にあった日本でもこの流れに乗り遅れまいとして各大手企業は基礎研究を目的とする研究所を設立したのです。私が入社した1973年の新日本製鉄（現日本製鉄）にも基礎研究所が設置されており、入社時の私の配属はここでした。配属されてすぐに気づいたことですが、所員の中には「いずれ俺がノーベル賞を取る」と豪語する研究者がいましたし、企業の研究所にも拘らず、経営課題に全く無関心な所員が少なからずいました。社内の他部署の人からは、本業に貢献しない人々の集まりのように見られることも少なくなく、所内にいる限り温風に恵まれ、所外へ出ると北風を感じる、そうした日々であったような気がします。

ただし、個々人の研究者は「自然現象を相手にした、事の本質を科学的に見究める」ことには誠に真剣であったわけで、この姿勢は私に大きな影響を与えたのです。私の基礎は、ここで学んだ思考が基本になっています。

しかし、この基礎研究を社内で展開する方針に対し、日米の貿易戦争が激化した1980年代に、実はアメリカで方向転換する考え方が出てきました。企業経営に必要な基礎的な知見や技術は、大学など外部から集め、企業は、それを活用する事業計画を作成・実行することに集中すべしとの考え方で、ノーベル賞受賞者を輩出したＡＴＴの研究所が大幅に機能縮小、改変されたりしました。後に議論します「オープンイノベーション」の考え方がアメリカで台頭したわけです。

総合科学技術会議に勤務していた時代に様々な日本の企業、とりわけ製造業の企業幹部と対話する機会があり、その際に気づいたことは、２０１０年になっても、多くの企業幹部がなお、リニアモデルの発想から抜け出ていないことでした。私は日本の一部の企業を除いて、従来路線を歩む日本の産業界の競争力回復の点で危機感を感じました。

アメリカの国防省にＤＡＲＰＡと呼ばれる研究開発機関があります。自らは研究開発自体を行わず、研究開発を通して得られる成果目標の設定とそれを実現する上で不可欠な個々の研究開発課題の編成（プログラムという）の設計、プログラム管理者の選任、プログラム実行の結果評価（つまりＰＤＣＡ）を行っています。プログラムの目標設定が最も重要であり、それに貢献する個別の要素研究の担当者は世界から募集する、あるいは発掘するやり方です。

プログラムに参加する、各々の研究者の個別目標の設定と提供資金の設定は、プログラム管理者の大きな役割になります。研究開発のシナリオ（目的や目標、スケジュール、投入資金）

は自ら握り、そのシナリオの目標達成に必要な個別の知見や技術は、資金提供した外部から適正に集約して、自らが研究することなく成果を獲得する方法です。すなわち、DARPAは技術成果であるアウトプットは外部機関の知見を援用し、それを活かして達成したい目標（アウトカム）は自ら管理するやり方をしているのです。後に検討するオープンイノベーションの進め方になっています。シナリオ作成と同時に、重要なのは外部から糾合する要素技術のレベルとその持ち主の能力とを正当に評価できる眼識をもっていることです。「基礎か応用か」の二者択一ではなく、両方の能力が備わることが必須のようです。

前に紹介した外科手術支援用ロボット「ダビンチ」も、初めはこのDARPAのプログラムで開始された研究でした。DARPAの研究開発はアウトカムを重視するプログラムの設計をしますから、プログラムマネージャーがその開発内容を説明し、DARPA幹部から資金を獲得する際には「専門の技術用語を使わずに内容の意義、期待成果を説明しなければならない」というルールが存在するとの話をDARPA訪問時に聞きました。それほどにアウトカムとアウトプットとを峻別し、アウトカムを重要視しているわけです。

つまり、目的とする成果物をいかに効率よく生産性高く収穫するか、その考えが徹底したやりかたなのです。事実、ダビンチに使用される材料や部品では日本の研究者も参加要請されて、要素研究では大いに貢献したようですが、それはアウトカム重視の方針からすれば問題のない対応になるわけです。

後に詳しく検討しますが、リニアモデルに相当するクローズドイノベーションと対比されることの多いオープンイノベーションですが、この二分法の違いは、後者は研究者ではなく経営者が主体である、との本質を理解しないと以前から行われてきた産学連携との相違を認識できない恐れがあります。

物理学の最も重要な未解明の基本問題が宇宙誕生の謎です。その解明のために物理学者や天文学者が懸命に頑張っていますが、その力の基になるのが巨大な望遠鏡による観測結果であり、NASAの打ち上げたWEB望遠鏡から等の情報です。宇宙探査に欠かせないのがコンピュータによる軌道計算結果ですが、計算機は半導体とソフトウエアの日進月歩に支えられているわけです。基礎科学の発展にこれら巨大な望遠鏡設計・建設・運用に集中援用された様々な技術群の効用を忘れることはできません。

以上、いくつかの大きな課題を概観しただけでも、科学と技術とが相補的にそれぞれの役割を担うことで、新たな価値を生み出しているわけです。科学も技術も必要であり、どちらが上で他方がその下という関係ではなく、お互いに相補する関係なのです。

科学と技術の果たす役割が互いに異なることは多くの人が認めることです。科学は新たな知見を発見、発掘することであり、技術は既知の知見を糾合して価値ある機能を創出することです。最も肝要なことは、お互いの機能や役割の異なる二分された対象の違いの強調や優劣を議論することではなく、如何に協調させて新たな価値を創造するかにあるわけです。

総合科学技術会議に在職中に悩まされた議論の一つが「基礎研究と応用研究」の二分と研究予算配分の関係です。目前に実利を想定するかしないかでこの両語を使い分けしている人が多いのですが、過去の科学技術上の成果を振り返ってみても、目先の実利を追わずとも後に新たな研究成果を誘発して実利に結び付いた例も少なくないゆえに、基礎研究への予算配分に重点化するように主張する人が少なくないのです。この意見は応用研究に対して基礎研究への予算配分が劣ることを主張するために二分法を用いたと思います。

ただし、原点に戻って考えれば、基礎研究ならどのような学問上の課題に、どのような仮説をもって新たな視点で取り組むのかが審査対象ですし、応用研究であれば、目的・目標の明確さや期待される成果の応用範囲及び競争力などを審査して予算配分するわけです。どちらも重要な役割を担う国策であり、手持ち資金の按分の議論とする対象ではありません。

この二分法の思考で留意すべき点は、単に理解のために挙げた便宜上の二つの側面であるにも関わらず、その二つの間の優劣や優先順位などの議論に逸れること、あるいは意図的に逸らすことであり、残念ながら日常生活の中で屡々みられることですので、十分に気をつけて欲しいと思います。政治や経済など、多くの人々に大きな影響を与える場合には、そこで用いられる「二分法」の合理性、健全さや意図を確認する必要があります。

特に、最近広く普及しだしたSNSを用いて、あえて「二分法」の形で問題提起し、その一方に人々を誘導しよう、選択を迫ろうとするキャンペーン方法が広まっています。やはり、一定の距離を保ってこうしたキャンペーンに対峙することが大事だと思います。

敢えて二分してそれぞれの意義を考えた方がよいケースとして、DARPAの例で示したアウトプットとアウトカムがあります。この二分がなぜ重要なのか、日本ではなじみが薄いもののこれからの時代にはますます重要になりますので、後ほど少し詳しく考えてみたいと思います。

この章で検討したことは特に成熟・飽和した社会で起こりやすいのですが、それは具体的な目標を設定し、新たな価値を生む難しさと連動しているのでしょう。日頃改めて考える機会の少ない価値について次に考えてみたいと思います。

第4章

価値を生むということ

4-1 価値を考える学び

価値と聞いて何を思いつくでしょうか？それぐらい、私たちは日常生活の中で「価値」という言葉、概念とはかけ離れて生活しています。しかし、改めて尋ねられると、そのことの重要さを認識していると答える人は少なくありません。日々の生活の中で改まって「価値」を考えずに暮らせますし、要するに重要だけど身近にはない、というのが実態でしょう。どのくらい重要なのか、実は私たちが働いて稼いで生活していけるのは、常に価値を生み出す努力をしているからなのです。

勤めている会社の商品が売れるのは「価値がある」と買い手が認めたからであり、会社員の君たちが会社から給料を受け取れるのは、その会社が「君の働きは価値がある」と認めたからです。得られた収入で食料や衣料品を買いますが、それは君たちが「それらに価値がある」と考えたからです。また、人生を改めて考えた時にできるだけ「有意義でかつ価値のある」仕事をしたい、と多くの人は思っているはずです。「困っている人を助けたい、過疎地を元気にしたい、社会の発展に貢献したい等々」は必ずしも自らの金銭の多寡に結び付きませんし、他の人の賛同が得られるかどうかわかりませんが、少なくとも君たちだけには「価値のあること」なのです。そのぐらい「価値」とは身近にあり、かつ多様なものなのです。決して哲学や経済学などに限った話題ではありません。然るに真正面から「価値を議論する」と、なぜか抽象的で曖昧な議論に陥りやすいのが私たち日本人の傾向ではないでしょうか。

ＪＡＸＡに在職中の２０１６年に、ＪＡＸＡが主に開発し、アメリカ、欧州の宇宙機関の支援を得て宇宙へ打ち上げた天文衛星「ひとみ」が、衛星軌道に乗ってから約一か月後に、突然、機能不全を知らせるデータを地上に送ってきたのです。事故発生の一報を受けた時は３月末の休日で、近くの公園で菜の花を楽しんでいたことを今でもハッキリと記憶にあります。

通報を受けて直ちにＪＡＸＡで緊急対策会議を招集し、遠隔操作で機能回復に全力を挙げることとしました。既に宇宙を飛行している人工衛星なので、直接の検査や修理は不可能であり、唯一の手段が無線通信を用いたデータ収集、遠隔操作なのです。

しかし、ＪＡＸＡ挙げての職員の懸命な復旧作業を約2か月続けたにも関わらず、衛星の機能は回復せず、遂に衛星の運用を諦める決断に至ったことは極めて辛かった経験でした。マスコミの記者が自宅まで押しかけて、私に謝罪と事故原因の見解を求めてきました。しかし、気を取り直して、この事故の原因究明を迅速に行うことこそが急務と判断し、他国の宇宙機関の協力も得て、発生した事象をほぼ説明できるまでに原因の絞り込みに到りました。その結果を持参して文部科学省をはじめ、主要な関係先へ謝罪及び事故原因と今後の方策の説明を行い、アメリカの宇宙機関であるＮＡＳＡへも行きました。ＮＡＳＡは、この衛星の機能を高度化する装置の開発を自らの費用負担で実施していたのです。加えて、その装置を用いた、天文学上の重要な発見に繋がる可能性の機会損失を被ったことになってしまったわけです。

ＮＡＳＡ幹部への対面では「あなたは（私のこと）、これまで宇宙事業の経験がないので大事故を知らないでしょうが、我々は過去に経験しています。そうした際に重要なのは、そのプロジェクトのValueは何か、を改めて再確認することです。Valueは全ての業務の原点ですから。特に高額な費用を要する宇宙事業では、業務のValueは大事です」と説かれたのです。

さらに、このプロジェクトに関係する約20名のＮＡＳＡの若手研究者への謝罪と説明を目的に会う機会をアレンジしていただきました。様々な意見や感想が出ましたが、ＪＡＸＡを責める発言は皆無であったことに感謝し、再度打ち上げの意向を披露したところ、ＮＡＳＡの研究者から「このプロジェクトのCore Valueは、天文学上の重要課題を解く鍵となる観測の成功と、それによる新知見の発掘にあります。今でも仮説立証を行う実験のValueに些かの変更はない、と考えます。ＪＡＸＡは直ちに新たな衛星の設計製造に着手してください。ＮＡＳＡも応援します」との発言があったことが強く印象に残っています。

私たちは、仕事のValueを語る時、多くは「意義」と置き換えて考えることが多いのですが、彼らの指摘したValueは遥かに具体的であり、いわば戦略的な対象を指しているのです。日本人の多くは、Value（価値）と言うときには、包括的に定性的に意義を考え表現する習慣が身についていますから、改めてビックリした印象があります。以前から仕事のValueについて、わだかまりのあった私ですが、今回の事故を契機としたＮＡＳＡとの対話に、改めてこの考え方の基幹に触れた思いがしたのです。

私は帰国後直ちに、この衛星の持つ機能が天文学のどのような仮説を検証できる可能性があるのか、検証できればどのような学術成果を生み出すのか、などの基本的な価値を天文学の先生方に再確認しました。そして、その説明を理解した上で、翌年度の予算要求項目にこの衛星の新規開発を入れるよう職員に指示しました。私の周りには「3月末に失敗し、その余韻が冷めないうちに8月末の予算要求に間に合わせるのはいかにも性急すぎる、自重すべし」といった声が溢れていました。それはそれで親切な助言でしたが、肝心な業務の価値には一言も触れられていないことで、その声に私は同調できませんでした（結局、政府予算もつき、ＪＡＸＡの関係諸君が再開発を開始しました）。

先に紹介したＯＥＣＤの教育指針「Education 2030」の最初に出てくる表現は「Creating New Value」です。しかもこの教育指針は子供たちの教育に向けて出された指針であり、我々が想定している「価値」の使い方と大きく離れていると思いませんか。成熟した先進諸国では、新しい価値の創出こそが最も重要との認識が示されているのです。それ程に重要な対象と理解されているのです。

日本の文部科学省が平成30年（２０１８年）に新しい学習指導要領を導入しましたが、特に重視する教育の中に情報活用教育及び外国語教育が含まれています。情報活用能力は「学習の基礎となる資質・能力」と位置づけられ、プログラミング的思考を育成する、と重要視されています。また、英語教育が小学校高学年では新たな教科に指定されて、小学生の学習範囲が大きく広がったのです。外国語教育の目標は「実際のコミュニケーションにおいて、活用できる基礎的な技能を身に付ける」とされています。

ＣＤ技術やＡＩの普及する将来の社会で、職業能力や生きる力を確保するにはソフトウエア能力の育成を今から行うことが重要との考え方が基本にあると思います。そうした考えの下、英語が正式に科目になり、パソコンでプログラミング思考を学ぶように指導するようになっています。ＡＩによる職業代替を想定して個別具体的に学習対象を特定する指導指針は、大学教育でも見られた共通の考え方に見えます。このように想定したスキルを活かせる機会が果たして将来確かに到来するのでしょうか？

これらは教育のなかでスキル教育に近い内容ですが、スキル教育の特徴は、それに触発されて大いに能力の高度化を遂げる人が出てくる反面、学んだスキルを使う機会の無い人たちは、学んだことをすぐに忘却していくことです。スキル教育は大事なのですが、むしろ各個人が自発の意志でそのスキル習得の必要性を感じ、その実行を助ける環境整備がより基本のはずです。高校や大学において、ＡＩやＣＤ技術による価値創出のメカニズムの学習に触発された状態で並行してシステム技術のスキルを習得することをより推進することを期待したいと思います。

ＡＩでなくなる職業といわれているのは、事務職員ほかの「定まったことをキチンとこなすルーティン作業」の仕事が多いと言われています。これらの仕事はＡＩでなくとも、ただ定められたように繰り返し実行するだけでは不十分なのは今でも正しく、これらに従事している人は日々工夫・改善を行っているのが普通です。

他方、ＡＩの出現があっても消滅しない職業と目されているのが学校教員他など、総じて多面的かつ多層的に対処する仕事、いわば会社の中で決まったルーティン作業ではない仕事が、ＡＩ代替の可能性が小さいと指摘されています(17)。

リスキリング教育と同様に成長が予想されている分野へ国民の関心を向け、その分野に必要な知識やスキルを習得する教育を国が先導しているのですが、それと並行して今従事している職業が生み出している「価値」とはなにか？ＡＩの適用でなぜその「価値」が失われるのか？その「価値」を奪われないためには、今の仕事の何をどのように改善したらよいのか？等の課題について、徹底して議論し、再確認する教育も大事だと思います。逆に言えば、Ａ

Ｉでは提供できない「価値」を見いだせれば、その仕事は生き残ることができるかもしれません。

最近出現したChatGPTは、単なる検索機能からいわばコンサル機能までありますから、文部科学省はどのような職種が代替されると指定するのでしょうか？将来の職業選択を考える際に、君たちは慎重に決断したいものです。

平和な時代、成長や発展を続ける時代では「価値」を改めて意識せずとも良かったのかもしれませんが、社会に成熟や飽和感があふれ、他方、分断や競合が激化していく複雑な時代を迎える今からは、意識して「価値」を考える学習、習慣が今まで以上に大事になるはずです。君たち自身の人生を導く指針になるのですから。先に紹介しましたＯＥＣＤの「Education 2030」の最初に取り上げられたのが「Creating New Value」ですが、これは成熟した社会で新しい価値を創出することが最も大事であることを指摘した上で、同時にそれは簡単ではないことを示唆していると考えられます。

日本でも多様性を尊重しようという考え方が広く普及してきているようにみえますが、こうした動きをよく観察しますと「なぜ多様性を尊重するのか、多様性の尊重でどのような新たな価値が生まれるのか」といった根源課題の認識は、不十分なのではないかと思います。例えば、老若幅広い年齢層の人々の参加、男女の比率も同じような参加が望ましい、といった議論はされますが、そのことによって新たにもたらされる価値は何なのか、明示的に意識することは稀ではないでしょうか。多様性の持つ究極は「価値」の多様性、言い換えれば今ある価値とは別の新たな価値の創造や認識を目指すために行っているものであって、人種、老若男女など態様の多様性はその一つのルートであり、ステップなのですから。私たち日本人の多様性議論は、この態様の多様性の先に或る価値の多様性を求める必要があるでしょう。

しかし、男女の扱いに極端な格差が現存する日本では、こうした多様性の議論の前に、人権問題として、男女の機会均等の実現が急務です。「積極的格差是正措置（Positive Action）」（内閣府男女共同参画局ＨＰ）などを積極活用して差別の解消を早急に進めるべきです。日本の社会では「同調圧力」が強く、他人と異なる意見の主張が難しい環境であると理解されており、態様の多様性が真の目的である価値の多様性に繋がるのか、予断を許さないと思います。何しろ至る所で誰もが「多様性が重要」と叫び、もはや国民運動の様相を示しているのですから。

自らもアイルランド人とイラン人の混血であるマシュー・サイド氏は、その著書(18)で多様性がその機能を発揮するには「Rebel Idea」が出てくることが大事であると指摘しています。日本語に直訳すれば「反逆する考え」であり、同調社会に生きる私たちにとって最も困難なことです。その覚悟なくして多様性の効果は生まれないことを、著者は指摘しているのではないかと思います。

以上、見ましたように、「価値」の考え方の理解が薄く、手段や態様の多様性のレベルで議論している限りでは、新しい考え方を欧米から移入しても日本では理解されない恐れがあるのです。

私が「価値を生むこと」を意識し始めたのは、やはりというべきか外国の人々との交流の機会でした。議論の途中でその言葉が頻繁に出現してくるので私の頭も必然的に「Value」を考えることになるのです。

それに加えて日本語では「価値」と言えば、なにか哲学的、経済的用語の意味合いで使うことも少なくないのですが、英語の「Value」とは元来「或るものを他の物に交換するときに必要となる値段」というべき極めて具体的な考え方から出てきた言葉と理解できます。そこが日本語とは大きく異なる点であることを気づかされたわけです。

人類の最大の発明は「お金」と言われています。元々は物々交換で交易が始まったのですが、実物の持ち運びは、特に重いあるいは嵩張るものほど不便なために、はるかに持ち運びが容易な貨幣が導入されて交易の興隆に大いに貢献したのです。貨幣を保有していれば欲しいものに交換できます。その時の交換価格がいわば、価値＝Valueになるわけです。したがって「Value」とは極めて具体的でわかりやすい考え方なのです。

しかるに日本ではなぜか「お金の保有、使用とその規模」に関して「忌避感あるいははしたなさ」と親や教員から言われてきたことも影響して「価値」を抽象表現に置き換えるようになってきたのではないかと推量します。

そのようにして生まれた概念の「価値」ですが、文化や文明が進歩、発展するにつれて「貨幣では代替できない価値」が認識されるようになってきたわけです。そこで日本語と英語の辞書で「価値」「Value」が現在どのように表現されているか、確認してみたいと思います。

『リーダーズ英和辞典』（第3版6刷、2020年発行、研究社）を見ますと次の記述にあたります。

1．価値、有用性
2．（交換、金銭）価格、代価
3．評価

次に『Oxford現代英英辞典』（初版発行、２０２０年、旺文社）をみると次のように記述されています

1. How much is worth in money or other goods for which it can be exchanged.

2. The quality of being useful or important.

3. (Values) Benefits about what is right and wrong is important in life.

Valueの最初の意味は何かに交換する時の価値あるいは価格をいう、極めて具体的なことを指しています。ところが英和辞典での最初の意味は、英英辞典の2ないしは3番目に出てくる意味です。

私が出会った欧米人との会話で、彼らがしばしばValueを使いますが、それは私たちが思っているような抽象的あるいは哲学的な意味ではなく、むしろ極めて具体的な描像を持った価値を指している場合が少なくないと思います。

政府が資金を提供する科学技術政策に位置付けられている研究開発テーマのうち、テーマの目標が極めて定性的、抽象的な場合が多いと前に指摘しました。総合科学技術会議に勤めていた時、私は目標をいかに具体的に表現させるかに随分と力を注ぎました。担当する各府省の役人たちとトコトン詰めて話し合ってきました。目標が曖昧ですとそれによって生み出

される「価値」の姿も曖昧になりますので、研究開発現場では担当する研究者たちがそれぞれ勝手な解釈をしがちなのです。その結果、誰の目にも実感として見える、具体的な成果は出てきにくくなるのです。発散型の業務推進では、当然のように労働生産性が低くなります。

私たちは、具体的な価値の姿を追い求める考え方を真剣に学んでこなかったこともあって、仕事の価値を考える際にも、残念ながら曖昧なことが少なくないような気がします。恐ろしく抽象的な目標（目標とは呼べない曖昧さ）の下で仕事をしていますので生産性も上がらないわけです。忙しく働いているようで、いわば作業に時間を取られて忙しいのです。働くことは価値の創出（企業の場合には金額換算できる価値）を目指しているわけですが、その目標が曖昧であれば何か実行しても小さな価値しか生まないでしょう。

4-2 経済的な価値

各分野の技術が急速に進歩し社会が飽和しますと、従来の価値観では、或るモノ、コトの価値を明示的に評価することが困難になってきたのです。こうした状況が到来しますと、日本的な意味での解釈である「価値」は実に多くの局面で使われるようになるのです。そこでは「明示的な価格」に相当する具体的評価は示されませんから各人がそれぞれで自己評価する傾向になります。つまり、社会全体としては「価値」と大きく謳っても実態はそれ以前と何ら変わりない、すなわち、特段の変化も起こらず、微温の空気に囲まれることになります。

2022年6月に発表された「国際競争力ランキング」(19)では、日本は63か国中34位と昨年より劣位になり、アジアではシンガポール、中国、香港、台湾、韓国、タイより後位です。特に競争力が劣位な評価項目は、政府の効率性（39位）であり、ビジネスでの効率性（51位）です。ビジネスの効率性の一つの評価指標である経営プラクティスは何と最下位の63位なのです。経営が無いと断定されるレベルで驚愕の水準です。因みにこの評価が始まった1989年から4年ほどは、日本は総合1位に評価されていた事実をもって「日本には本当は実力があるのだ」と言って、その復権を願望する人が少なくありませんが、新たな特段の工夫がないままでは復権することはないでしょう。政府や企業の効率性が低いことを真剣に深刻に分析し、対策をしないといけないはずですが、このランキング発表のタイミングで、一時的にマスコミが取り上げただけで具体的な対策を取ったという話はこれまでにも全く聞いたことがありません。残念ながら何をどう変えたら良いのか、抜本的かつ具体的な指針が立てられない、のではないかと推測しています。

「効率が悪い」原因の分析の詳細は不明ですが、私は、仕事の価値、それを獲得するために達成すべき目標が曖昧なことも大きく影響しているのではないか、と推測しています。この統計の始まる少し前までが日本の高度成長期であったのですが、その際に指摘されていた強さの要因の一つが「社員、職員が一致団結して目標達成に向けて努力する働き方」であったのです。この特性が活かされたのは目標が具体的に表示され、関係の社員、職員の誰もが共有できていたからです。成長期には目標設定は比較的容易でしたが、今のように飽和期になると具体的な目標設定は難しくなります。「共有できる具体的な目標」が失われていれば、一致団結の強さを発揮することはできないのは当然なことです。

なぜか価格やお金の話は、品に欠けるような意識の人は日本人には多いと言われていますが、果たしてどうでしょうか。先に指摘しましたように、金額の高低だけに議論を集中させるのであれば私もいささかうんざりしますが、金額のもつ重要な意味は「価値の具体的指標」であることです。日本語の辞書の最初に記述の意味である「価値、有用性」といった抽象概念ではないことを理解していただきたいと思います。もちろん、それだけではないことは英和辞書、英英辞書にも記述されているとおりです。ただし、日本語と英語では最初の意味と2番目の意味の順序が違っていますが、この違いは欧米人と日本人の思考の違いとして注目する必要があります。

どのような職業であれ、多くの人々が協調して働く時の目標設定は、具体的であることが必須です。そうでないと関係する共に働く人々、職員が共有できる具体的なゴールをイメージできないからです。自分なりの判断に基づいて行動する傾向が強くなる恐れがでてきます。

内閣府に勤めていた時期に聞いた、国内の或る大手企業で実際にあった、深刻な話をご紹介します。

一部上場（現在はプライム市場上場）企業の社長が「向こう3年間をかけて、付加価値の高い新たな商品を開発することとした。価格競争に巻き込まれて利益率が低い製品ばかり扱っても、会社の経営改善にあまり貢献しない。その状況を打破するのが今回の案件である。開発には総額約120億円を投入予定で進める。営業と技術が緊密に連携し、早速プロジェクトを立ち上げて欲しい。今年は取りあえず20億円ぐらいをかけて垂直立ち上げを図ることにする」と幹部社員へ方針表明しました。この指示を受けて営業担当役員と技術担当役員は、それぞれの部門の部長以下の職員に社長と同じ文言をそのまま話をしました。3か月経って両役員を含む関係者がプロジェクト進捗確認の会議に出席し、営業担当役員が技術担当役員へ向かって「ところで高付加価値の新商品の開発ターゲットはどのような具体的な内容ですか?営業のほうでもその売り方を検討したいので具体案を教えて欲しい」と問いただしました。それを聞いた技術担当役員は「えっ!新商品となる高付加価値品の具体的な開発目標は、市場動向の分析から営業のほうで決めていただく手筈になっています。目標を決めていただいたら我々技術陣は総力を挙げて目標達成に取り組む予定です」と反論したのです。その後、両部門でのやり取りがあったようですが、そもそも「高付加価値」商品の目標(機能やコスト)の具体値は何も決まらなかったそうです。通常の企業であれば、社長と両役員とで事業の詳細を事前に詰めておき、その検討結果を踏まえて、社員の前で「社長の宣言」をするやり方が普通だと思いますが、ややワンマン型の社長ですとこのようなことも起こるようです。

このプロジェクトが、その後にどの様な展開を見せたのか、恐らく日本の大企業では「曖昧さ」を残したままの計画の実行は、起こりそうな現象ではないでしょうか。政府の科学技術政策における研究開発テーマの開発目標も概ね定性的であり、したがって、その目標が達成した時に受けられるメリットも定性表現に留まっているものが非常に多いことは先に指摘しましたが、目標の具体性の欠如という点では、同じに見えます。

そもそも「高付加価値」商品と言っても、これは社長が発するメッセージとしては意味不明で、むしろ願望に近い表現です。曖昧な社長指示を聞いた両担当役員も具体的な目標を社長に問いただすこともせず、または自らで個別目標にブレークダウンして部下に指示せずに、社長の発言をそのまま伝えるだけの「ボイスレコーダー」の役割しか果たしていないのです。職務の階層が全く機能していない組織と言わざるを得ません。

社長及び両役員の「価値」に対する理解は、英和辞書の第一義である「有用性」であって第二義で記述されている「金銭価値」ではなく「金銭価値」はそれぞれの部門の部下が決めるもの、それが経営者と一般者の役割分担である、という理解ではないかと想像できます。第一義が大きいことであり、第二義は小さいことという誤解は日本人の中に根深く残っている考え方です。

欧米企業であれば「Value-added products」と言えばまずは金銭換算で目標の基本が決められるはずですし、それが経営の役割と認識していると思います。したがって、同じような案件を欧米企業が扱う場合には、日本企業のようにならず、部下には具体的な開発目標が同時に提示されたはずです。具体的な指示があれば部下はたちどころに判断し行動できますから、3か月も無駄な日々を過ごすことは無いでしょう。その年の当該企業の労働生産性を低下させていることになります。

このエピソードは象徴的で、大きな組織の管理職が、部下へ業務指示をするときに良くみられる現象かもしれません。皆さんが将来働くことになる会社や団体が大きな組織である場合には、こうした局面に出くわす可能性が高いかもしれないので要注意です。

この問題をここで取り上げたのは、私たち日本人の日頃から意識している「価値」という基本概念について問題提起するためです。価値を生む目標の曖昧さを受け入れるマインドは、君たちにも共通しているかもしれません、これからは意識してこの課題を自分事として考えてくれれば、より合理的に働くことができるようになるでしょう。

比較の意味でアメリカ宇宙企業のSpaceX社の事例を参照してみましょう。

ＪＡＸＡへ入ってから、今や世界の宇宙開発のトップに君臨するSpaceXのＣＥＯであるイーロン・マスク氏との対話で気づいたことですが、彼はエンジニア従業員に極めて高い基礎及び応用能力を要求しているようです。それは同時に、そうした彼らの力こそが会社を推進すると信じているからです。同社のホームページには求人ポストが常時多数掲載され、毎日のように入社希望者の選抜対応をしているとのことです。求人の職務内容を見れば一目瞭然なのですが、例えば、エンジニアであれば研究も設計もやることが求められていますし、要求する幅広い職務能力が個別に具体的に記述されています。日本企業の感覚から言えば

「専門」の異なる数名分の職務範囲を1人でカバーする職務幅の広さです。

更に大学や大学院時代の基礎学業の成績であるGPAあるいはSAT、GMATなどの得点も申告させています。提供する年俸範囲は、職種、能力、実績で異なりますが、約11〜18万ドルと高額です。一人で広範な職種を担当できれば、打ち合わせや会議などを大幅に削減でき、業務スピードが格段に改善できる、との信念に基づき従業員の業務設計をしているようです。また、職種によりますが、就職の追加要件として「必要に応じて時間外労働あるいは休日労働」に前向きに対応できること、とあります。かつての日本のモーレツ社員を彷彿させる厳しい職務内容ですが、それでも応募者が絶えない、と聞きました。急成長するアメリカ企業の勢いとそれに多数応募する若者の存在に圧倒されたわけです。教育こそが人の専門能力のみならず自信や情熱を醸成する基礎として大きな役割を果たしている様子が現れています。

こうした激務に果敢に挑戦する若者を生み出しているのも、やはり教育の力でしょう。日本の労働生産性が低いことはかねてより指摘されていましたが、SpaceXとの比較で日本での働き方の厳しい現実が浮かび上がってきます。私の見方は「日本企業の経営問題」としても深刻ですが、もっと根本的な日本人の「価値」に関する考え方に課題があるのではないかと思っています。

私たち日本人は「人は生きていること自体に価値がある」と思う人が恐らく圧倒的に多いと思います。いわば「人が生きることの価値」の絶対化の考えです。しかしながら、単にそのような印象を持つだけでそれから先の思考は進まない場合が多いのが日本人の考えではないでしょうか。ジョセフ・ラズ氏(20)は「人の生そのものは本来的、無条件的に価値があるものではない」との見解を表明しています。私にはとてもショッキングで新鮮な考え方に思えました。更に著者は「人の生は価値を持つこともあり得るし、価値のないものでもあり得ます。人生は、否定的価値のみからなる悪であることもあり得ます。生の価値は、本人の活動、関係性、経験といったものの価値、要するに生の内容の価値によって決まります。主体が生き続けることの価値は、彼が長く生き続けたとしても、その生の内容の価値に依存します」と主張しているのです。

私たちの多くが抱く「人生の価値」の漠然とした姿とは大きく異なる哲学的主張を見ることができ「価値」に関する考え方が具体的な姿として浮かび上がってくる意味でも興味深い主張です。この彼の考え方に対し「実は私も内心ではそれに近い考えを持っている」方も少なくないでしょうが、彼の主張の新しさは、内心で思うことではなく、議論を呼びそうな内容の意見を対外的に、個人として表明したことです。本は、英国ケンブリッジ大学でのラズ氏の記念講義での内容を骨子にした書物とのこと、若くて柔軟な頭脳の大学生の君たちもぜひ読んで、君たち自身で内容の判断をして欲しいと思います。

日本での価値創出を進める上で、大きな障害になっているのではないか、と想定している要因は、以上に書きましたように、付和雷同の風潮及び大きな男女格差の存在です。いずれも個人が本来、有していると思われる個性や能力の発揮、表面化の機会が著しく阻害されているからです。その人の考えが、他の人の考えに影響を与える機会が著しく抑制されていることになります。

成熟・飽和する先進国では、ＯＥＣＤの「Education 2030」で見たように、新たな価値創出が強く要請されていますが、日本でその実現を図るには、上記二つの阻害因子を早急に排除することが肝要と考えます。男女格差は人権問題としても深刻な課題ですが、新たな価値創出の点からも深刻な要因なのです。日本でも生き生きとした、多くの個性的な意見、意向が飛び交う様な意見交換の場を設定できれば、求める価値（Value）も漠然としたものから、具体的で明確な輪郭をもたせられる可能性が高い、と思います。何しろ日本が唯一有する資源は人材なのですから、その能力発揮を実現するために、日本の過去の呪縛から解放させたいと思います。

4-3 価値を生み出す：アウトプットとアウトカム

アウトプットとは別に、アウトカムという言葉を恐らく君たちは聞いたことが無いでしょう。初めにAさんの実例を紹介しますので、二つの言葉の違い、意義の違いを理解して欲しいと思います。

Aさんは、ある地方では名の知れた家系の名士で、地元の私立中学・高校の理事長職にあって多忙な日々でしたが、その地方の人口、特に子供の数が減り、地域全体に閉塞感が漂ってきたことを大変心配していました。ある日、大学時代に所属していた野球部OB会の誘いが来たので久しぶりに出席したところ、参加者の熱のこもった議論、仕事の話、息子や娘の話、それに地域再生の話にすっかり圧倒されたのです。大学時代はレギュラーでしたが、卒業後に帰郷して学校運営を継いだ折に、野球をキッパリ止めたのですが、皆の話を聞くうちにAさんは、過疎化、少子化が進み入学する学生が減少すれば将来の学校経営にも重大な影響を与えかねないことを危惧し、その地域では少し名の通っている野球部の強化を通して、全国にその校名を知らしめることを考え始めました。ほどほどに強豪であった同校野球部の目標を数段上げて甲子園出場に決めたのです。

5年計画を立て野球部の戦力強化を図るべく、有力な指導者や選手を他の都府県からも積極的に勧誘し、あるいは招聘しました。その甲斐があってか、計画開始から6年目に見事に甲子園初出場を果たすことになったのです。もちろん地元では大変なビッグニュースとなり、甲子園まで応援に出向く地元民も出てきました。資金、人材などの資源を的確に投入し（インプット）、競争を勝ち抜いた成果が得られたわけで、理事長の経営と監督の手腕が地元民に高く評価されたのです。野球の強化を図り、甲子園出場を目標としてそれを実現させた実績であり、その直接的な成果に相当しますので、これをアウトプットと言います。

理事長の思惑どおり、翌年からは、野球部や他の運動クラブへの入部希望者のみならず、他府県からの入学希望者も大幅に増加したのです。その結果、学校収入は増加し、教員の待遇も改善されたといいます。加えて遠方からの生徒が地元の個人宅に下宿したことによって、地域への経済効果も生まれました。町に若者が増え、活気も出て来て、地元民も気分が明るくなってきました。

こうした成果は、アウトプット成果に加えて、結果として社会的に生じた、いわば直接野球とは関わらない人々へも効果をもたらした成果であり、アウトカムと言えるでしょう。この理事長がアウトプットとアウトカムの違いをどこまで意識していたかわかりませんが、甲子園出場で満足するか、その先の地域活性化まで視野に持っていたかでは大きな違いが出てきます。地域活性化を願っていた理事長は、まさにアウトカム成果も挙げたことになります。

価値を考える上でアウトプットとアウトカムの違いを認識することは、以上の例でもわかるとおり大事ですが、私たちの日常ではアウトカムを「波及効果」と表現する場合がありますが、この両者の差違を意識的に区別しない場合が多いのではないでしょうか。しかし、この違いを意図的に認識することで、君たちが働いて生み出す価値を一層大きくする、あるいは異質の価値を生みだす可能性がありますので、是非とも意識して欲しいと願っています。

２００９年の総選挙において政権交代（自民党→（旧）民主党）が生じた時に話題に挙がったのが、当時文部科学省を中心に検討されていたスーパーコンピュータの計算能力の目標と研究開発予算、約１０００億円の関係の妥当性でした。ある政権幹部が「計算速度は世界一でないといけないのか？」と言いだし、計算機機能と予算の縮小を示唆する問題提起をしたところ、世論が沸騰したのです。ノーベル賞受賞者などの著名な学者たちがこの問題提起を受け入れない意見を表明したこともあって、メディアで見る限り国民の多くがこの政治家に反対のように見受けられました。

当時の私は、総合科学技術会議でも扱われていたこの問題に対し、首相に向かって「設定した目標性能、予算の計画どおりに開発するべき、社会的意義も含めてその成果をわかり易く国民へ説明させていただきますから」と意見表明しました。この問題を担当していた責任もあり、かつアウトプットとアウトカムの違いを意識していた私は、計算機の研究開発グループには「目標とする計算速度が世界1位になったとしても、それで満足せず、そのことによって初めて計算可能となる課題と、その解決によって期待できる成果を明らかにする責任が私たちにあります。計算速度1位が目標だけの開発に終わらせてはいけません」と、この開発の意義を伝えました。

専門性の高い計算機科学者にとっては、計算速度で最高位を獲得することは専門家の彼らの成果と考えられますが、殆どの国民にとっては計算速度1位の成果は「日本の技術力は誇らしい」と思うことはあっても、その具体的な内容や効果は分からないわけです。その成果を国民一般が理解できるように、具体的な成果に結び付けるアウトカムをわかり易く説明する責任が開発チームにはあると考えていました。

例えば「ある科学課題を解く為の計算を行うと1年以上かかり現実的ではないが、新たに開発する計算機では1日で解を得られ、その結果を用いれば世界初の新薬の開発を促進する分子設計ができるようになる」などの説明です。

アウトプットとは、ある資源（モノ、エネルギー、人力、資金ほか）を投入（インプット）して所要の出力（結果）が出てくることを指します。その出力が当事者以外の社会に与える成果をアウトカムと言います。この例でいえば高速の計算によって新薬開発が加速され創薬に繋がれば、それは多くの国民に大きな効果を齎《もたら》すアウトカムとしての成果と言えるでしょう。

企業でしばしば耳にする発言「新しい高付加価値商品を開発して会社の経営に貢献させる」が、実は性格の異なる要因を含んでいます。会社の業績向上に貢献する新商品であれば、販売量も大きくなることが必要なので適正な価格を設定し、またコストを抑える必要も生じます。どのような特長、機能を持てば売れるのか、これは買い手の判断で決まりますから、会社だけでは決められない難しさがあります。こうした様々な要件をクリアできるように機能や構造設計してから製造に入るわけです。つまり「どのような特長をもった製品を販売すれば儲かるのか」、という話と「その商品を計画どおりのコストと品質を確保しつつ所要量を製造できるか」という性格の異なる二つの課題で構成されていることに気づいてください。言い換えますと計画したとおりに設計・製造した商品は、経営の業績向上のいわば初めの段階であって、それが社外の顧客に適正な価格で数多く売れることが本当の業績向上に繋がるのです。

上記の例でいえば、所要の製造の結果を得られればそれはアウトプットと言えます。投入量に見合った製造量・品質が得られれば良く、自社内で解決すべき課題への活動結果と言えます。

アウトカムは、アウトプットに市場での影響や社会的効果など特定の意味合いを持たせた結果を言いますから、買い手という第三者が関与して初めて金銭価値を創造する成果になるわけです。したがって、アウトプットもアウトカムもどちらも不可欠的に重要ですが、意味合いが大きく異なるのです。

このようにアウトプットとアウトカムを無意識のうちに使い分ける思考に慣れていると良いのですが、この区別を日常意識しないので混同してしまうことが少なくありません。研究者中心の新商品開発では、アウトカムまで思考範囲や取得情報を広げることはなかなか難しく、通常はアウトプット成果創出に集中することになります。どうすればより高機能になるかを考えることはできても、その高機能の特長が顧客にわたった後に生ずる社会的影響の大きさまで考えることは、研究者単独には難しいのが普通です。

異業種交流会などで、様々な業種の研究者の話を聞くと、研究者が達成すべく具体的な目標の提示はなく「顧客に売れる商品を開発しなさい」と、事業部門から急かされるという人が多かったように思います。このような会話が日常的に行われているようですが、中身が極めて曖昧です。まず客が買うには機能、品質に加えて価格などが主要な判断項目と思われますが、生産コストが高い場合、あるいは販売価格を大幅に割り引いている場合などは、得られる利益は薄くなります。アウトプットの鍵となる生産、アウトカムを支配する販売のいずれでも、それぞれに目標が明示されない指示は指示とは言えないですし、企業活動の生産性が向上しない原因になります。

高度成長期には右肩上がりの業績を踏まえて、近い将来の新商品開発目標を決めることは比較的容易でしたが、市場が成熟し、あるいは飽和した時期になりますと、過去の実績の延長に開発目標を設定できなくなり、目標設定が俄然難しくなってくるのです。残念ながら日本の企業は、高度成長期もその後も恐らく現在でも旧来型の研究開発運営をしている企業が多いのではないか、と推測しています。

最近になってアメリカのベンチャー企業が生成ＡＩであるChatGPTを発表し、世界中に興奮や議論を巻き起こしています。日本でも首相が同社のＣＥＯと対談し、政府が検討会議を設置するなどのニュースが報じられるなど、世間の反響は日増しに激しくなっています。この技術を「活用を推進して経済成長の手段にしたい」「業務の効率化を行いたい」と主張する開発・活用推進派と「間違った情報や返答が返ってくる」「著作権など個人の権利を侵害する恐れがある」「自らで考えなくなる恐れがあって教育上は好ましくない」など主にリスク被害の理由をあげて、どちらかと言えば活用を抑制する意見に大別されているようです。推進か抑制かの選択判断をする前に、基本に戻ってこの技術の性格を考えることが必要でしょう。

そこで、この技術をアウトプットとアウトカムの視点から考えてみましょう。大規模言語モデルを改善して、一般の人の問いかけに対して、短時間のうちに尤もらしい返答が返ってくる能力を世界に先駆けて実現した技術力は、やはり高く評価されるべきものと考えます。もっともらしい返答とは、これまでに学習した範囲内での言語の出現確率を基に構成しているわけです。実際にChatGPT試行版のソフトへアクセスして、試しに簡単な問いかけをしてみたところ、直ちに「尤もらしい返答」を得ることができ、この処理能力の高さを実感し、恐らく各種業界で様々に活用できる可能性がありそうな感じがしています。他社からも同様な技術が提供され始めているようですから、技術能力は更に進展する可能性が高いと思います。この技術成果の専門的、社会的評価はこれからも注目していきたいと思いますが、これまでになかった技術を実現させたわけで、アウトプット成果としては高く評価できます。このアウトプットを生み出した技術力を、更に進化させることで新たな活用先が出現する可能性を秘めています。

ＡＩの専門家ではない人々や業界にとっては、その高い能力を活用して自らの事業をどう革新して競争力向上を実現できるかが最大の関心事、要点です。いわばアウトカム成果への展開、活用です。アウトカム成果を考える際に必要なことは、この生成ＡＩが迅速なアウトプットを発出できる機能の、基本的な仕組を理解することです。この理解を共有できる集団（例えば特定の団体や企業など）内では、偽情報、誤情報の混入などのリスクへの認識も共有できるでしょう。言い換えれば特定の利害集団、企業の内部で蓄積した情報のみを学習させることによって、その集団が求める情報の理解度を上げることが可能でしょう。したがって、従来の事務の効率化、経費削減を考える企業にとっては、当然のことながらこの技術の活用の検討を積極的に進めるでしょう。効果的な活用が進むことで集団としてのメリット享受が進むと、懸念されるのが人員の合理化です。働き方改革に繋げれば好ましいのですが、働き口の減少を招く恐れはあります。特に、これまでの蓄積の延長に乗るような業務の簡素化には、強力な役割を果たす可能性が大きいと想像します。

また、機能の基本的な仕組みを共有できない子供たちや社会一般で、玉石混淆の公開情報を基に利用するには慎重な対処が必要と考えます。なし崩し的に利用実績を基に利活用を拡大するにはリスクが大きく、更なる社会規範の検討は当然必要です。

使用にあたっては、問いかけの仕方も重要です。過去の事実の確認が目的の問いかけには、確かな答えを得る可能性が高いのですが、ある事実に関する評価については、様々な側面から多面的に見る必要がありますので、得られる回答の理解には慎重であるべきです。いずれにせよ、若い君たちには、この新たに出現した技術動向には関心を持って欲しいと思います。うまく活用できるようになれば、操作者の意図に乗せられるような、先に指摘した「無意志下の選択誘導」へ君たちが巻き込まれる可能性も低くなるのです。最後の砦は君たち自身の学びから得た判断力です。

自然現象を相手にする技術とは異なり、人間の考える仕組みに関わる技術は、その活用によっては容易に「悪用」に転化する恐れがありますから、より慎重な対応が必須になります。

以上のように、何か行って得た成果、結果をアウトプットとアウトカムに分け、それぞれの側面の価値を総合して価値として考えると、茫漠と感じる「価値」の考えがより身近になります。

4-4 価値を形にする：オープンイノベーション

活動の成果としてのアウトプットとアウトカムの区別を意識できない、あるいは曖昧なままにしておきますと、当然のこととして「オープンイノベーション」の発想は生まれてきません。その意味でこの二つを成果として一語にまとめるのではなく、敢えて「二分法」で分けた上で成果を捉え、それから生まれる価値を考える方が効果的と言えます。

新聞などで時々登場する言葉ですから、君たちもこの言葉を見聞したことがあるかもしれません。日本におけるオープンイノベーションは、経産省傘下のＮＥＤＯや文科省の年次報告書にて盛んにその重要性を説き、企業の経営者や研究開発者の啓発に力を入れてきました。しかし、国を挙げての大きなうねりにはなっていないと思います。なぜか？最も根本的な原因は、オープンイノベーションの真髄が十分に理解されていないからではないかと私は想像しています。

内閣府に勤務して居た時、日本の企業幹部とこの話題で意見交換する機会が多々あり、多くの皆さんは「自社の研究開発部門へは、自前主義を止め、オープンイノベーションを推進するように指示している」と言っていました。ただ、オープンイノベーションは研究開発方針の問題ではなく、幹部の経営問題として意識している方には、ほとんど出会いませんでした。従来進めてきた企業と大学との産学連携とは大きく異なる経営指針なのですが、日本では果たしてどれほどその違いが理解されているでしょうか？

達成すべき経営目標を定め、社内関係者のみに周知した上で、所要の個別知見、素材、半導体ほか目標達成に必須な要素を競争力のある外部から調達することがオープンイノベーションの骨子です。この方式で成功するには、目標が関係者全員に共通認識できるほどに具体的で、かつ経営者が責任を持つ目標でないとその後の展開は難しくなります。企業研究者が大学等の外部研究機関と協力して、研究開発すべき課題の発掘や共同研究を実行する、産学連携とは意味が全く異なるのです。その区別を曖昧にしてオープンイノベーションを語っても効果はないでしょう。

1980年代の日米貿易戦争を経て、アメリカは産業の競争力向上の戦略を練り、その結果、台頭してきた経営思想の一つがオープンイノベーションでした。エズラ・ヴォーゲル氏の著書『Japan as Number One』(21)は高度成長期の日本経済の強さを分析し、アメリカ政府へ国力向上に関する指針を提言する役割を果たしています（筆者注：この本をかつての日本の強さを賞賛した本として紹介する人が少なくありませんが、著者自身が記述しているように日本賞賛を目的にした本ではなく、日本の高度成長の強さを分析し、アメリカの国際競争力の回復を図る指針を得ることを目的としています）。

同書が発行されたのが1979年でしたが、次に述べるオープンイノベーションを提唱したヘンリー・チェスブロー氏の『Open Innovation』(22)が発刊されたのが2003年であり、その間約24年を要しています。Harvard Business School（HBS）を中心にその間もアメリカの競争力回復の検討を続けたと思いますが、その指針の要になっている考え方がアウトプットとアウトカムとの分別認識、その評価に基づいた開発戦略こそがオープンイノベーションであったわけです。オープンイノベーションのもつ戦略的な意義を私なりに理解すれば、以下のようになります。

① 何よりも重要なのは「どのようなビジネスモデルを核にして将来稼ぐ企業になるのか？」を経営者に具体的に問うていること

先に述べたＩＢＭやＡＴＴは直ちに経営が動き、例えばＩＢＭはサービス産業へビジネスモデルを大きく舵を切ったのです。高度成長期に育った日本の多くの経営者は、それまでの成長路線を失敗しないで継続することが経営だと思っていたのに比べると大きな革新でした。高度成長期にはそれで十分な収益が挙がり、経営者としては成功と評価されたわけです。その時期に幸運であったのは、それぞれの産業分野が成熟、飽和の手前にあり、日本企業は残された開拓余地に向かって経営、従業員が一体となって邁進できたことです。その点をエズラ・ヴォーゲル氏は指摘・評価したのです。

低成長期に入ってから新事業開発を志向しても、開発へは経営が負担できる範囲内で資金を出し、何か有望そうな事業の種（シーズ）が出てくると、それを基に事業化を進めるスタンスが多かったと思います。したがって、経営にとって、その事業化の種、アイテムは、資金供出に対して、期待がそれほど大きくならないと判断すれば直ぐにその種を放棄するのです。日本で新規事業がなかなかうまく成長しないのは、このようなシーズ駆動型発想の経営者が多かったからなのではないか、と想像しています。それほど戦後の高度成長は、多くの経営者の方針を固定化させ、後世へ大きな影響を残していると考えています。働く人々の賃金も国際比較では低位にあって、コスト競争力の強さも味方した日本の高度成長は、一時期多くの日本人に恩恵を与えましたが、後世に深刻な課題を日本、日本人に残すこととなったわけです。

アメリカの競争力低下に危機感を感じ、その回復に向けたアメリカ国民、政府への提言書を著したエズラ・ヴォーゲル氏が、発刊後25年経った２００４年の『Japan As Number One』復刻版の巻頭言で「日本人は、かつての美徳であった学習を行わず、他国に対して尊大になった」と日本を表現したことは、残念ながら至言であったと思われます。当時の駐日アメリカ大使であったライシャワー氏が「この本は日本人に誤解を与える恐れがあるので日本では発禁にすべきだ」と述べたエピソードも紹介されていますが、悲しいかな、それが現実になってしまったのです。「日本礼賛本」と誤解した日本人が数多くいたのも事実のようでした。

② 社内に優秀な研究開発戦力を十分に保有せずとも事業は起こせることを示したこと

このことは実は先駆的なメッセージであり、多くのアメリカ人に勇気を与えました。Palo Altoを中心にしたベンチャー企業勃興の波が発生し、アメリカの多くの若者が企業への就職より、「起業」に大きな希望を見出したのです。いまや巨大な企業群になったＧＡＦＡと呼ばれる企業群は実はこうした時代の若者が創業しているわけです。

その意味ではオープンイノベーションの嚆矢であり、その成果の結実例であるIntelは、オープンイノベーションの戦略意義の視点からも、素晴しい企業です。日本でベンチャー企業が誕生、なかなか成長しない要因は、リスクを伴う資金投資をしないからだ、という論調が政府やマスコミでは主流になっています。確かに資金面での制約は、日本では大きいに違いないが、何より深刻な原因は「事業価値を新たに生み出すビジネスモデルのシナリオ作成、企画」に私たちが立ち遅れたことだと思います。私もそうでしたが、シナリオを作成するには、独自の研究上の発見、シーズが不可欠で、その範囲内で新規事業開発を考えていたのです。言い換えますと将来の事業性を検討する上でも、自前の研究シーズが必須であることに捉われていたことになります。いわゆる高度成長期の「リニアモデル」の考え方です。

事業には自らの研究シーズを十分に持たずとも事業シナリオを持てば可能であることを示したのがオープンイノベーションの最大の特長です。それには個別技術に斬新さを持つ必要はなく、創造したいビジネスモデルそのものに斬新さが必要なのです。したがって、研究開発部門の仕事というより、経営者あるいは社長の仕事となるのです。研究開発して新たな知見を発掘してそれを基に新事業を興す考え方が今も日本では主流だと想像していますが、この考え方は既存事業内での新商品開発には有効なのです。個別の新知見は日本でも数多く発掘されているわけですから「ダビンチ」のようにそれらを「オープンイノベーション」方式で糾合した新事業の構築を推進する人（プログラムマネージャー）を若い君たちに期待したいのです。

直近のオープンイノベーションの成功に、アメリカの製薬会社Pfizerの新型コロナワクチン事業展開の事例があるようです。mRNA開発の先進企業である、BioNTechの技術を取り入れて、mRNA型コロナワクチン「コミナティ」の開発に成功したと言われています。その後、迅速な臨床試験の成果を得て、世界に展開したわけです。その結果、多くの人を新型コロナの感染から守ったと言われ、かつ、同社には膨大な経済収益をもたらす効果を上げたのです。

他社の知見を自社事業に取り込むことは、実は社内では恐らく葛藤があったと想像します。自前主義の日本の企業ではこうした技術の取入れをもっと進めないといけない教訓例です。他社技術の社内導入には、他社が開発中の技術の内容やレベルを分析し、それが自社事業にどの様に、どの程度貢献するのかを正しく評価しないといけません。これが実は狭い範囲の専門分野の技術者たちだけでは困難なことなのです。

アメリカ以外での事例では、オランダに本社のある半導体露光装置メーカのASMLは１９８８年に設立後、オープンイノベーションの成功例と言われています。事業シナリオは会社が立案作成し、所要の個別技術や部材は他企業や大学、公的研究機関から糾合して競力をつけ、かつては日本企業の独断場であった露光装置市場のトップに躍り出たのです。特に最先端の微細化に不可欠な極端紫外線装置（ＥＵＶ）は、世界で独占状態（２０２２年時点）にあるようです。

日本では、文部科学省、大学教官そしてマスコミでも「基礎研究をしてノーベル賞を獲得すること、その成果を基に産業発展に繋げる」といった自前主義、リニアモデル主義の発想から脱却できていないように見えます。この発想の呪縛にも高度成長の影響が大です。この考えは、オープンイノベーションとはあらゆる側面で真逆の発想であることは、君たちも理解できるでしょう。

日本では、リニアモデルに固執しつつも、相矛盾するオープンイノベーションを標榜するなど、一貫した考え方が残念ながら希薄です。つまり事業の発展、収益の確保と研究開発の役割の相互関係の一体的な理解が日本ではまだ不足していると思います。将来、君たちが研究開発の職業に就くなら、基本的な考え方を、シッカリと学んでください。

産業発展を念頭に置いた時「ノーベル賞を産業発展の原点とする」考え方、すなわちリニアモデルは、戦後のような高度成長期に加えてトランジスタ、レーザーなど各種の先端技術の民生活用が盛んであった時期には有効に機能したのですが、最近では様相が大きく変わってきていることを君たちに理解して欲しいのです。CD技術が急速に発展し、先に触れた巨大なIT企業であるGAFAやMicrosoftなどの事業は、ノーベル賞の研究成果を展開して事業を行っているわけではないのですが、今や世界の産業を牽引しているのです。

自然科学におけるノーベル賞は、そもそも自然界の新たな現象の発見、真理の解明に貢献した科学成果を表彰対象にしています。産業振興の源が、高度成長期では「Real」な世界の自然の営みの利活用であったのに対し、21世紀に入ってからは、人の頭脳のなかで創造する「Virtual」な世界、サイバーやデジタル技術、AIなどによって拓かれた新しい世界の興隆が始まってきているのです。産業発展の意味では、特にインターネットを活用したこの世界が今や産業界を席巻しているわけです。

ノーベル賞は今も科学界において燦然と輝く栄光のある表彰です。しかし、その栄誉を産業発展に直結させることは、もはや無理があります。科学成果の価値は、それ自体にある（価値の多様性）のであって、産業発展への貢献の価値とは独立していると考えます。その成果が産業発展に繋がれば、それはアウトカム成果として、改めて評価すれば良いわけです。様々な分野でそれぞれに価値の創出を目指すことこそ、研究者の本分です。

したがって、今の私たちに問われていることは「何が価値なのか、その価値を生み出すためにどのようなアプローチをとるべきなのか」を真剣に考え抜くことです。この本がそうした君たちに寄り添い、自らで考え抜く支えになれば、私は大変うれしく思います。

アウトプットとアウトカムの違いを認識する重要性はそれほど大きいのです。

ローゼンブルーム氏他の研究成果『Engines of Innovation』が衝撃的な意訳『中央研究所の時代の終焉』(23)として、日本でも発行され、社会に衝撃が走りました。アメリカではノーベル賞受賞者を輩出していた著名なＡＴＴがその研究所を改組縮小したことは、この本の日本での出版と相まって、日本の企業経営者へ多大なインパクトを与えたはずです。その頃から日本の大企業が費用対効果の観点から中央研究所機能の再編を図り始め、多くは縮小・廃止の流れに乗ったのです。この間、アメリカでは、事業シナリオを先導させたビジネスモデルを構築し、必要に応じて外部から技術、人材等の資源を調達すれば良い、との考え方に則り、オープンイノベーションやベンチャー設立の潮流が次第に強くなっていったのに対して、日本ではあくまでも自前の研究成果を基にした新事業創出を狙うリニアモデルが主流でした。

当時勤めていた会社の中央研究機能の一つの研究所長の職位にいた私は、この本には大変な衝撃を受けました。ただし、今振り返ってみますと、この本の主旨であるイノベーションをもたらす機能や要因への理解は不十分で、むしろ管理職として数百人の部下の仕事を如何に守るのか、その方面にばかりに神経を使っていたような気がします。

日本でのオープンイノベーションの最近の報告(24)によれば、オープンイノベーションの前段階のイノベーションそのものへの理解が日本では深まっていないということで、イノベーションそのものの理解を啓発する内容主体になっており、残念ながら我が国のオープンイノベーションは更に後戻りした印象を持ちました。

日本で不足している基本的な理解は「オープンイノベーションは研究開発ではなく、事業そのものであり、実行するのは社長を先頭とする経営陣の仕事である」ということです。「優れたビジネスモデルを構築したほうが、製品をマーケットに最初に出すよりも重要である。社内に優秀な人材は必ずしも必要ありません。外部の研究開発によっても大きな価値が創造できる」などの特徴を活かせるのは経営者しかいません。日本のオープンイノベーションが一向に盛り上がらないのは、ここに主因があるのではないでしょうか。

成熟期に入った産業構造でこのような大胆な発想の転換は実に困難であったわけです。それまで行われていた産学連携は研究開発が目的であり、当事者は研究者・技術者なのです。経営の役割であるオープンイノベーションとは全く異なります。

君たちは将来、会社、大学、公的機関など様々な組織で働く機会が多いと思いますが、ここで紹介したアウトプット、アウトカムの考え方及びオープンイノベーションは、研究開発や事業開発分野特有の考え方、やり方ではありません。何か新しいことを始め、新しい価値を生み出そうする時には、ぜひこの普遍的な考えを思い起こしてください。あなたのものの見方に磨きをかける効果があるはずです。君たちの職業選択にあたって、あるいは、今従事している業務の生産性向上に向けてアウトプットとアウトカムに分けて考えますと、自分の得意能力や知見の有力な活かし方のヒントが得られる可能性があります。

第5章

君たちの時代

5-1 変化を嗅ぎ取る

2023年は、日本の歴史上では大きな節目の年と言えます。振り返りますと1868年の明治維新、1945年の太平洋戦争の敗戦と、奇しくも77~78年毎に大きな節目を経験しています。

1868年から1945年までは、一言でいえば西洋の文物や科学技術を積極的に取り入れ、富国強兵を図ってきた時代です。日清・日露戦争、満州事変、太平洋戦争と相次ぐ戦争による権益と領土拡大を図りましたが、広島・長崎での原爆投下、東京大空襲を受けて太平洋戦争に敗北し、富国強兵政策が頓挫したわけです。

１９４５年から２０２３年までの78年間の前半は、国民一丸となっての勤勉と努力で新生日本を作り上げて高度経済成長を達成し、国民生活も急速に豊かになっていきました。ただし、その期間の後半にあたる、バブル崩壊以降は、経済成長や賃金上昇などが停滞し、産業や科学技術の国際競争力が低下し続けて今日に至っています。

２０２３年から77年後はいよいよ22世紀を迎える時期です。君たちはこうした変遷の時代に生きていますし、これからも生きていきます。目先の局面が慌ただしく変転しても動じることなく君自身の考えに基づいて判断、行動することが肝要です。

21世紀に顕著になった大きな社会潮流を改めて要約すれば

・日本の経済成長が飽和し、それに伴い終身雇用、社会保険制度など成長期に拡充された社会インフラ制度に齟齬が生じており、制度の大改革が迫られている
・先進諸国での経済成長停滞に伴い、付加価値の争奪競争が激化してきている。その中で国際競争力の強い国が成長してくる。日本はマクロ経済指標や研究力など国力の主要指標で、ＯＥＣＤなど先進諸国の中で劣後してきている
・ＧＡＦＡに代表される、いわゆるサイバー・デジタル技術を軸にした産業の急速な拡大

が世界経済を席巻するようになった。ただし、特定の事業モデル（仕組の事業）による収益ゆえ、新たなモデルの出現により大きな変化が起こり得る

・発展途上国の高等教育の整備が進み、多数の優秀な人材が高等教育を経て輩出されており、世界で個人レベルでの知的競争が激化している

・ChatGPTに代表される人工的な頭脳（ＡＩ）の社会進出を迎えて、各人は益々「価値」創出の能力向上が要求されるようになってきた

・日本経済を活性化するために、日本政府も優秀な外国人の日本での勤労を推奨し、永住権付与など滞在条件などで優遇政策を始めた

・自らの生活や給料などを確保するために、企業のみならず、各個人・従業員に加え、公的機関の職員にも付加価値創出「創職」への貢献が求められてくる時代になった

・他方、インターネットが世界的に普及してきており、自らの考えやアイデアのある人にとっては、対外発信の機会が20世紀に比べて比較にならないほど圧倒的に増加した。結果、各人の職種、職場選択の自由度が格段に広がり、海外企業や国外での勤務の機会は大幅に拡大されてきた

高度経済成長の流れが過ぎた現在では、それぞれの企業が、団体が、あるいは税収の増え

ない自治体もが常に新たな付加価値創出、言い換えれば事業機会や働き口を探していく必要がある時代へ入ってきたのです。特定の路線を継続して坦々と歩むことでは、長期間にわたって付加価値を生み続けることが難しい時代です。既存の大企業に勤めている、現役の人に会う時「今どんな仕事をやっていますか？」と尋ねますと「新事業開発」を職務としていると返答する人の数が非常に多い。高度成長期には見られなかった現象で、いずれの企業も新たな収益源を探索している様子が如実にあらわれています。高度成長を経験していない君たちへは、今や高齢になっている経験者が、彼らの若い時に経験した時代の事業の成功と失敗とその反省及び現状との違いを正しく伝える責任がありますが、残念ながらそこが曖昧なままになっている恐れがあります。

インターネットの普及が進んだ今、これからの時代での職業を考えるには、個別の経験や個人の履歴から学ぶ教訓だけではなく、大きく言えば過去の歴史から構造変化を学び、視点の転換を図ることが必要でしょう。

日々ネットなどで流される出来事やニュースには、ものによっては感心したり喜んだり、場合によっては怒りを感じるなど感情の動きが誘発されることがありますが、長期間にわたる社会の構造変化では、こうした突発的な感情変化は誘発されませんから、学びが無ければ嗅ぎ取ることが難しいのです。したがって、高校、大学など若い時から意識的に社会の構造変化に注目し、就職前の「広角の学び」、就職後の「骨太の学び」により知見、判断力を磨いてください。将来君たちの思考の中にその成果が取り込まれてくるはずです。

社会で生じる大きな変化には、類型があります。まず挙げられる例は、突如として発生し、その後に長く社会に影響を与え続ける変化です。最近の事例では、東日本大震災と同時に発生した福島原発事故及び今も続くその悪影響は最も深刻なのです。新型コロナの発生、世界規模での蔓延とそれに伴って生じた多数の死者、企業倒産や失業なども深刻な問題を惹き起こしています。こうした予期せぬ突発事象では事前の十分な準備などできませんから、事象の発生した後の対応の基本は、それまでに蓄積された知見や判断に依ることになり、それ以上のものはないのです。

もう一つの類型は、数十年にわたって緩慢と継続的に生じる変化で、改めて振り返ると、初めとは大幅に変わった状態が実現してしまう変化です。いわゆる構造変化のことですが、そこでは人口減少や少子高齢化、産業の業態変化、一人当たりのＧＤＰの国際的な低位化など、政治経済的、社会的更に科学技術など様々な面で生じる変化のことで、波長の長い変化であるが故に日常では気が付きにくいのです。成熟した社会、国ではこの分類に該当する例は実に数多くあります。

以前から課題としては認識されていたのですが、流れを逆転させるような大胆な方策、政策はとられずに、課題への抜本的取り組みを先送りして時間ばかり経過してしまった結果として起こるものです。長い期間にわたって凋落傾向にあることを頭の中では理解しているつもりでも、特に根拠もなくいつかは好転するかもしれないと楽観的な見通しになりがちです。多くの人が陥りやすい心境ではないかと思います。永年の実績があって、今の状態になっている事象に抜本的なメスを入れれば、必ずや痛みを受ける国民が発生します。それをどのように乗り越えるのか、君たちのみならず私たちも問われています。

構造変化を感じ取る具体的な方法の一つが、諸外国との動きに対比させて日本の姿、社会経済の在り方、また、企業の盛衰を見つめることです。なにか適切な対比対象がありますと、自らの変化を実感しやすくなるからです。鏡を使えば自分の体型、容姿の経年変化が一目瞭然にわかるのと同じです。

日本の地政学的な特長、強み・弱みなども外国と比較すると、より実感として理解できます。「天然資源の乏しい日本では、以前から指摘されている「加工貿易」の重要さは今もいささかも変わりませんが、例えば、石油や天然ガスを輸入に頼り、敗戦の惨禍から立ち上がってきたドイツは、日本と似た国情です。製造業を中核とした産業構造も、日本と類似です。最近は、日本円の為替が安いこともあってドル建てのGDPで日独の差が縮小し、日本は、人口のより少ないドイツに追い越され、世界第4位に転落したことが話題になって来ています。こうした基本的に重要な、しかもこれからの若い人に重要な課題が目に見える機会は多くないので、自らがアンテナになって学ぶしかないのです。

その際、インターネットを活用して信頼できる統計情報を収集・閲覧することをお勧めします。日本では、それぞれの政策担当の各府省や総務省統計局が発信している統計など、国際的には国連統計、先進国内の各種統計ではOECD統計などが大いに参考になります。各種の統計図表を比較しながら眺めていますと、実に貴重な教訓を得ることができます。統計図表に示されている結果は過去の実績ですが、構造変化の先の将来を見通す上での有力な情報になることは間違いありません。

短時間のうちに各種統計資料にアクセスできるようになった今の便利さは、20世紀には想像もつかなかったことです。ある統計に関心をもてば、かつては大きな図書館まで出向き、目的の書籍を借り出して閲覧し、初めて目的の統計にアクセスが可能でした。ましてや複数の統計にアクセスを試みると、同じ図書館に蔵書として存在しなければ他の図書館で探し出す必要がありました。とてもではないですが、１日ではアクセス作業は完結しなかったのです。

ところが現在では、私の居住地にある公共図書館を例にしますと、書籍名を入力すればオンラインで閲覧請求ができるシステムが稼働していますので、求める書籍を探すために図書館巡りをする必要がなくなったのです。その図書館に当該図書の蔵書が無い場合には、他の公共図書館からの取り寄せもしてくれます。目的の書籍を個別の図書館を探し回っていた30年前の私にとっては、今の効率的な仕組は隔世の感があります。

図書館の例を取り上げましたが、私が言いたいことは、目的発意のある人にとって、インターネットの仕組で恐ろしく利便性が上がったことです。ただし、発意のない人には、この利便性を有効活用することはできないのです。言い換えますと、これから職業の選択を迎える君たちに助言したいことは、君たち自身の発意を持つことの大事さ、有効さを理解して欲しいということです。どこの会社へ就職しても、必ずや新たな付加価値創出のアイデアを求められることは指摘しましたが、そのためにはまずは行動に繋がる発意を持つことから始まるわけです。

戦後の高度経済成長を経験した高齢者や一部政治家は、その再現を願っている向きがありますが、高度経済成長は様々な条件が重なって生じた現象であり、いわば、あの時代の特例であったのです。むしろ、今のように先行きが見えにくい状態が成熟した社会では、自然な状態といえるでしょう。

世界的に見ると飽和社会下での競合や変化は頻度高く起こる可能性が大きく、しかもその変化情報を直ちに知ることが可能な今の時代ですから、言い換えれば発意のある人には、チャンスが増えることを意味します。その為にも、これまでの意識を検証し、必要に応じて大胆に発想を変化させて欲しいと思います。発想の転換を、人々はそれを挑戦として称揚することがあります。「広角の学び」、「骨太の学び」の学習効果は、ある課題に疑問を持ち、正解を自らで模索した結果、新たな着眼を得ることに繋がります。あることに疑問を抱くことは、実に能動的で前向きの姿勢であり、すべての始まりになります。疑問の調査を行うことでそれによって齎《もたら》される効果が、君たちの新たな発意や提案に結び付けば、君たちの新しい一歩と言えるでしょう。

変化の萌芽期を感受する能力、感受性はそれ自体が生活していく上での重要な能力です。キッカケが必要ですがキッカケとは別の言葉でいえば触発です。何か受け身の言葉のように誤解されやすいのですが、触発とは前向きの対応です。すなわち君たち自身で学んできたことで感じた疑問や問題意識がない限り触発されることはないでしょうから。そのアンテナの役割を果たすエネルギーの源は、言うまでもなく高校、大学で自らに課した「広角の学習」の経験や蓄積にあります。

成熟・飽和した社会では、従来の延長で考えますと、前に指摘しましたように業務の目標設定が曖昧になりがちです。君たちの勤める会社の上司が、業務目標に関する指示が常に抽象的であることに気づけば、ある意味では君にとってチャンスが到来したと思います。具体的に取り組むべき課題とその達成目標を上司に提案できる機会が訪れたわけですから。

職に就いた時から育む「骨太の学び」は、有効な能力醸成の方法ですが、その能力を磨き続けることは、決して容易なことではないでしょう。どうしても今活動している分野や対象こそが、日常の中で多く目につく活動ですから、世の中の動きの中核に思えるからです。意識して視野を拡張する努力を地道に続けることしかこの能力を上げる解はないと思います。

世の中の既存の秩序を大きく変えてしまうような変化は、現代では技術の発展によって引き起こされることが多いので、君たちの出身が文系、理系問わず、技術のもたらす効果、影響すなわちアウトカムには大いに注目すべきでしょう。世の中で変化が顕在化しますと、利害関係者の間での権益競争も顕在化してきますので、その変化を好意的に受け入れる、あるいはそうではない人たちとに分かれる現象が生じます。その見解の相違を君たちなりに注意深く観察し、評価すれば君たち自身の価値観が形成されます。したがって、早くから「価値」に対する考え方を学ぶことが大切なのです。特に最近の科学技術でいえば、生成ＡＩが将来の社会経済構造を変える可能性がありますから、その成り行きには注意を払ってください。

世の産業構造の変化に連動させて、政治が君たちに向けて新たな職業を推奨することがありますが、職業選択は君たちの人生そのものと深く関わるものだけに、自らの考えや判断に基づいて対処すべきです。先に紹介したライフサイエンスブームなどにも自らの判断を基に対処すべき一例です。最近のＩＴブームに沿って、政府はデータサイエンティスト（ＤＳ）やデジタル技術（ＤＸ）の専門家を増やす方針を出しています。文部科学省は関係する大学の学部・学科の定員増を計画していますし、手回しの速い私立大学は、早速新入生の呼び込みを始めています。各個人をＤＳやＤＸの専門家として育成させる目的であるなら、国内の大学定員を増やすことに財源を充てるのではなく、各人の希望する海外の先進的な取り組みを既にしている大学へ進学する為の財政支援に充てるほうが学生にとっては良策でしょう。

日本はそもそもＩＴでは世界に劣後と評価されているわけで、その国の大学の定員増で教育しても、その教育の到達レベルが世界水準になるには時間がかかりそうです。ＤＳやＤＸ

を目指すのであれば、それに相応しい大学を世界から探して入学をトライしてください。DSやDXは、初めから世界を相手にした、国境のない性格の仕事ですから。国内の教育レベルも世界標準であることが、その専門性を活用できる前提でしょう。

国としての戦力増強策であるので、政府は様々な方策を考えていて、例えば、優秀な外国人が日本国内で就労できるような政策を推進するのもその一環です。この分野で先進的なDX教育を修めた外国人が、日本へ就職しに来るかもしれません。特にインドのIT技術者の資質の評価が高い。日本人就労者がこのような優秀な外国人と対等に競争と同時に協調して仕事できるようになるには、日本の大学教育を国際レベルにすることは当然のこととして理解する必要があるのです。立場によって目的・目標と手段が異なることを先に学びましたが、自らのこととして考えてください。

むしろ、君たちが種々の職業の展望をみて、自らの判断で選択できるような教育を施すことや、環境整備こそ政府の仕事だと思います。政策で判断して推奨する職種は国全体を見渡しての判断ですから、その中の一人である君たち個人にとって、それが相応しい適職か否かは別の問題ですから慎重な判断が大事です。

多くの若者が大学進学できるようになり、大学進学率も６割近くに上がりました。このこと自体は大いに素晴らしい、賞賛すべきことだと思います。ただし、問題はその質の保証にあります。先進国の中で、日本の大学は入るのは難しく、卒業するのは易しいと言われて久しいのですが、この問題は果たして改善されたのでしょうか。実はここに日本の高等教育システムの根本的な課題があると思います。

２０２１年の大学入試から新たな入学試験制度が導入されました。受験生や高校の先生方は対応準備に大変なご苦労をされたと思います。高等教育の改革はいつでも教育問題の中心でしたが、答えはいつも大学入試改革に集中したように思います。むしろ、重要なのは最後の高等教育機会である大学での教育が国際的なレベルにあることの保証と自信を卒業生に与え、卒業後は国際的な活躍を奨励することではないか、と私は考えています。日本の人口減少が加速していく中で、国際的に活躍する若手の人材は貴重な宝ですから。

学部生だけで約２６０万人が在籍している大学は、とても大きな人材戦力供給の源のはずです。例えば、年代別の労働人口で15歳から24歳までの10年間の総数で５４７万人である（労働力調査：総務省統計局令和5年1月）ことを考えますと、学生数の相対的な大きさがよくわかります。海外に進出している日本企業も数多くありますが、こうした企業の採用する現地人との知的競争もますます激しくなるでしょう。優秀な外国人人材は、日本企業の本社でも活躍できるレベルを基準に採用しようとしているでしょうから、日本の大学生もこうした事態が拡大していることを認識して大学生活を送ることが大事です。

系統的に学習する最後の機会である大学教育には、多大な投資と君たちの能力伸長が期待できる4年間が必要なのですが、その効果を将来の学生個々人や社会での価値創造に繋げようとする基本的な仕組みを、社会に見えるようにすることが社会の共通利益です。同時に、高額な学費を払って貴重な4年間を過ごして収穫できる成果は、自らで律することによって初めて獲得できることを、本人も意識して欲しいと思います。

以上の基本的な考えに立ちますと、大学生に必要とされる能力や資質のレベルが、21世紀になって国際化を含め、大幅に構造変化していることを当事者の大学生たちは、どれほど真剣に理解しているでしょうか？喫緊の課題であり、当事者である君たちには、この構造変化にいち早く気づいて欲しいものです。

5-2 提案への発意

提案する発意は、自らが新たな動きを始める契機です。職業のことであれば職務上で新たな職務や新たなパートナーを探すことに繋がります。

しかし、その提案の前に君たち自身が行うべきことがあります。それは「提案する君自身が何者なのか？」ということを周りにいる皆さんへ発信することです。提案する内容や結論がたとえ同じであっても、その提案者が異なることによって、周囲の理解や反応は大きく違ってくるはずです。それほど提案者である君たち自身の「Identity」を理解してもらうことがまずは大事なのです。

SNSではなく、面前での対話の重要さは君たちも理解できるでしょう。自分の強みや弱み、あるいは自分の特徴を挙げてごらんなさい、と言われて答えに窮した経験を持っている方も少なくないでしょう。経歴書などの記載事項の紹介だけでは君たちの特徴の一部しか表現したことになりません。外国と共同で働く各個人は、自分の考えやスキルを持ち、それを相手に伝え、相手と競争と協調できる能力が求められます。日本人は個性が乏しく個人の顔が見えにくい、と言われた時代がありました。それは各人が自らの考えや意見を表明することなく、集団の多数意見に同調する場合が多いことに対する外国人の日本人観であると想像しています。

これまで、本書では高校生、大学生期間での「広角の学び」の重要さを指摘して来ました。

既にお気づきの読者も多いと思いますが、成長が鈍化した世界では、新たな成長の目標を従来の延長で設定することがままならなくなりますから、新たな価値の創出をもたらす知恵が必要なのです。その課題解決に繋がるかもしれないのが皆さんの斬新な視点のアイデアです。私はそれを提案と考えます。21世紀を働き抜く君たちに必要な「提案する力」こそ、最も誇るべき君たちの能力であり財産になりますので、その育成に大きな役割を果たすと考える学生時代からの「広角の学び」を私は強く推奨しているのです。

個人事業主であれば本人の提案の採否を本人が決めることができますが、企業や団体など組織内で働く場合、君たちの提案の採否を決めるのは、多くの場合上司です。したがって、上司を納得させる内容を織り込んだ提案を発出することが必要になるのですが、日々の課題対応に追われている上司の理解や賛同を得ることは、必ずしも容易なことではありません。対象とする課題の設定から始まって、提案する内容、特に期待される効果やその道筋及びそれに関連した競合団体、企業の動きなどに検討を加える必要があります。

提案するタイミングも慎重な検討が必要です。ここで強調したいことは、いずれ君たちが社会に出て働くと、新たな収益源を常に探している会社では、こうした提案が必須の職務能力であることを実感するはずです。しかし、それを円滑に行うには就職前からの「広角の学び」から就職後の「骨太の学び」へと繋げ「Critical Thinking」のような多層的な考え方を育成しておくことが大事なのです。

仕事を進める過程で、与えられた職務を効果的・効率的にこなす重要さは、成長鈍化の現在も高度成長期にも不可欠な能力ですが、むしろ新たな提案を行える能力こそ、組織からより高く評価される対象です。それが飽和した社会の特徴です。提案する力の基となる要素を分けて書けば以下のとおりです。

・まずは自らの複相的な見方を表現できる「Identity」

私自身の海外在職勤務はイギリスでの2年間しかありませんので、経験した範囲は限られていますが、強く印象に残っていることがあります。それは「自分であることの表現を適切に行うことが大事」と言うのでしょうか、英語でいえば「Identity」が求められることです。先に紹介したエズラ・ヴォーゲル氏の本(21)でも、日本人について以下の記述があります「アメリカでは、コンセンサスといえば構成員一人ひとりが問題を考え、自分の判断でだした結論が一致した場合に、それをコンセンサスと呼ぶのである。日本では、誰かが音頭をとり、他の構成員がそれに合わせるという過程を通して生まれた一致がコンセンサスと言われているのではないだろうか」。一人ひとりが考えて発言しないで、集団の意志決定しがちな日本人の判断のしかたに疑問を呈しているのです。

何かアイデアを提案するのであれば、それ以前に自分はどのような考え方をする人なのかを皆に理解してもらうという趣旨なのです。出席者の多くが賛成なので私も特に異論なし、といった打ち合わせはあり得ないのです。君たちの意見がたとえ前の発言者と結論が同じであっても、君たち自身の言葉で話すことが必要です。録音でもしない限り、前言とすべて同じ言葉を復唱することはできないので、君たち自身の発する言葉には君たち自身の顔つきが出るものです。出来れば、それまでとは異なる切り口の意見を述べることで君の特長を理解してもらうほうが好ましいのですが。最後は一つの意見にまとまっても、その過程で見えた各参加者の様々な視点の意見を内包したものですから、結論のその後の展開によっては、異見の部分が再び表面化することがあり得るわけです。

したがって、「Identity」を示せない人は、周りからの信頼、協力を得ることも難しく仕事の仕方が内向きになります。日本国内にあっても、こうした流れこそ重要なはずなのですが、残念ながら付和雷同の下で結論される場合が多いのではないでしょうか。将来海外の学校や職場を求めて君たち自身の人生を切り拓く思いを持っている人は自分であること「Identity」を強く意識することをお奨めします。

会議の席で自らの考えを発言することで、初めて君たちがこの会議に参加している事が同席者に認識されるわけです。自らの存在「Identity」を認識してもらうことが事の初めになりますから、避けて通れないステップです。幼少の頃から子供たちとこうした考えをバックに対話することで子供も自己表現に慣れてくるでしょう。ただし、自ら意識的に考えるのが効果的なのは高校生、大学生の頃からです。この時期には意識せずともある種の自分の考えが形成されてきていますから、逆に言えば何が不足の知識、能力なのかを察知し、その気になれば自発的にそれを学ぶことができるからです。

・取り組むべき課題を把握、理解する

どのような課題解決に着目するのか、いわばキーとなる判断ですが、課題の選択の優先順位についてもいろいろな判断基準が存在します。緊急性は比較的わかり易いのですが、構造的な問題を含む場合には判断を迷いがちです。職場では様々な課題に遭遇するのが普通ですが、どのような組織であれ、トップの課題は経営であり、最も身近な課題はいま取り組んでいる仕事やその仕事の現場にあります。今取り組んでいる仕事も他人や他部署の仕事の一部であることが多いですから、全体で見れば組織の上部の階層に繋がっています。

このように一つの課題には、実は様々な課題が連関していることが多いのですが、特に階層間に繋がりある問題を取り上げる場合には、その階層課題を予め学ぶ意識が必要です。先に説明した「Critical Thinking」の学びはこのような課題へ対応する際に援用できる能力を育むことができるでしょう。

・課題解決の道筋を検討する

課題解決の道筋を検討し、提案する際に大事にしたいことは複数案を案出することです。多くの場合、例えば技術者、研究者の場合には、自らの有している専門能力を活かせる解決案を提案する傾向が強いのです。眼の前の課題がたとえ純粋に技術課題、しかも自らの専門能力を活用できる可能性が高い課題ですと、自ら取り組んで解決しようとするケースが多くなります。ただし、一歩下がってその技術課題解決の先にあるはずの会社としてのメリットまで視野に入れた解決策を検討することが大事です。この判断は実務ではなかなか困難を伴い、私も在職中に何回か誤った選択をしたと、後悔した記憶を今も覚えています。

複数提案のもう一つのメリットは、それぞれの道筋をつけるに必要な専門能力が異なるわけですから、結果として異なった知識、職務経験を持つ同僚や上司の力を糾合できる可能性が高くなることです。複数のルートのうち、必要があれば社外の知識、専門性を取り込み、課題解決にあたる提案も重要です。最も典型的な例がオープンイノベーションのやり方です。

・課題解決によって期待できる達成した姿、目標

解決のルートを複数提案しますと、その行きつく先にも複数の期待される成果の姿があるはずです。精度の高い検討を行えば、更に新たな課題を探し出すことに成功するかもしれません。

以上、説明しました職場での提案に必要な能力は、正に課題解決の思考や検討の過程でのＰＤＣＡになっていることにお気づきでしょうか？日々の学校生活のなかで実体験を基にしたＰＤＣＡの習熟が、将来働くことになる職場での積極的な課題解決提案へ結び付くものと考えています。

5-3 働く場所を選ぶ個人：時代はボーダレス

コロナ前までは、大勢の外国人観光客が日本へ押しかけ、彼らが国内で消費するお金が地方の観光地にも大きな経済恩恵を与えました。世界の観光市場にようやく日本も参入し始めたわけで、国際化してきたと感じるかもしれません。日本の風景、文化、食事など多くの点

で魅力的であるからこそ、多くの外国人が来日したのです。観光地を訪れた外国人の使ったお金で地域の観光関係業者が経済恩恵を受け、外国人の観光訪日が人口減少で経済活動が縮小していた地方へ大きなインパクトを与えたのです。ニセコや白馬などスキーリゾートは特に活況を呈しているといいます。地方の経済不振は、政府が補助金などの支援をしてもなかなか解決の難しい課題でしたが、外国人の来訪で変化してきたわけです。

このようにして、これからの時代はますます国と国との交流関係が付加価値を生み、抜き差しならないほど繋がりが強くなります。特にインターネットが普及している今は、過去の国際関係とは異次元の新たな段階を迎えています。国と国の関係は、政治や政治家の問題と割り切っている人も多いと思いますが、実はその国に住む国民の生活に直接大きな影響を与えますので私たち自身の問題なのです。

例えば、今は隣国中国と政治的に緊張のある日本ですが、経済の面で見ますと最近の日本の輸出及び輸入の最大の相手国が実は中国なのです。輸出は、総額の22％が中国で1位、18％のアメリカが2位です。他方、輸入は、約26％が中国で断トツの1位、2位のアメリカは11％です（２０２０年実績、日本貿易会ＨＰ）。仮に、政治対立が極度に高まって両国間の貿易が中断したら、たちどころに立ち行かなくなる日本の会社やその従業員が多数出てくることになり、大混乱になる可能性が高いのです。

緊張関係にある米中両国ですが、中国の最大輸出国の一位は断トツでアメリカであり、約20％がアメリカ向けです。今や世界のいずれの国も貿易や人的交流で利益を得る経済構造になっていますから、貿易の中断はその国や国民の生命線を脅かすものとなっています。言い換えますと外国の人々や企業に魅力のあるモノ、サービスをどれだけ提供できるのか、日本、日本人の経済的豊かさと深く関係しているわけです。このことを一言で表現すれば「国際競争力」のことです。

最近の農林水産省の統計によりますと、農林水産品の輸出額が年々伸びているといいます。果物、コメ、酒といった商品のほかに、錦鯉や盆栽など日本の特産品も海外で人気があるようで、輸出額が伸びているといいます。外国の人々がこれらの特産品に高い付加価値を認め高額で購入すれば、業者の方はより大きな利益確保に向けて国内で販売するより外国で販売するようになります。それに伴い国内価格が上がるかもしれません。

農林水産業のような第一次産業は典型的な国内産業と思われていますが、今や国際市場へ進出し始めているわけで、今後の発展を期待したいと思います。ただ忘れていけないのは、農業用化学肥料の原料は輸入品に依存していること、また、日本は食料自給率が相変わらず低く（カロリーベースで約40％）、外国から食料を輸入できなくなれば多くの国民が餓死するレベルの問題を抱えていることです。外国との競争と同時に協調が必須であることがわかります。

日本では高度人材が不足しているという理由で、外国人の学位取得者や高額所得者には優先して日本での就業や永住許可を与える政策が進められています。その仕事、ポジションを外国からの人物が日本の会社で占めるということは、その分日本人の仕事、職位が減ることになります。高度人材ですから、当然のことながら処遇も高いでしょう。

また、既に外国に事業立地している日本の企業も、外国籍の社員を多数現地採用しており、グローバル化しています。その企業の日本人向けの説明だけを見ても、その会社の本当の姿を見ることはできません。新規採用者の50％以上が外国人である日本企業も既に存在しています。企業も採用する社員を日本人に限定していないのです。前記しましたように、国内の大学生は、在学中に国際レベルを意識した学習が必須な時代になっているのです。

日本には、現在在留外国人が約３００万人暮らしています。永住権を持つ人はそのうち約80万人ですが、高額所得の外国人は、国内での消費も行いますから、日本の経済発展に貴重な存在なのです。他方、日本人の海外在留人数は、約１３１万人ですが（注：在留邦人とは

3か月以上海外に在留している日本国籍の者)、永住者は約56万人だそうです。総数131万人は、実に30年前の2・3倍に増えている大きな変化なのです。海外永住者も過去30年で約2・2倍増加しています。国内人口が減る中で海外に在留する人が増加してきたことは大きな構造変化の部類に入るでしょう(25)。

今後は、日本の若者も積極的に外国企業へ就職し、あるいは外国で働く時代になっていくでしょう。そうして有益な付加価値を生みだすことこそ「飽和」時代の生き方になります。「飽和」とは、今いる環境の下で、従来の発想の延長で考える時に感じる思いなのであって、新たな世界へ行けば新たな価値創出の機会があります。

企業の求めている高度人材は、なにも研究者のみを指しているわけではありません。こうした高度人材の企業ニーズが日本企業にあるなら、国内にある大学の4年生までの総数約260万人を対象に、それぞれの大学が国際的に活躍できる人材育成を強化し、それに相応しい教育をすれば良いのです。ただ、そうした声は一部を除いて聞こえてこない実態は残念です。

職業は、何よりも生活の糧を得る基本ですから、一人ひとりにとって極めて重要です。加えてやりがいとか充実感を感じ、大きく言えば自身の人生の生きがいがかかっていると思います。最近の日本では、非正規労働の契約下で働く低所得の若年層が増え、その原因を「若者の頑張りが足りない」などと一刀両断する向きもありますが、私は必ずしもそうは思いません。本人たちが気づかないうちに同じ年齢層の君たちの間で経済的な分断が進んでいる可能性があります。最近のことでいえば、その分断の間にＣＤ技術が入り込み、その内に居る人とその外に居る人との経済格差が拡大しています。

その一方、個人事業主又はフリーランスとして独り立ちを志向する若者が現れ、いわば就社でも就職でもなく「創職」している若者が増えてきたのは新たな傾向です。高度成長期にはめったに現れなかった働き方です。君たちはすでに新たな世界であるボーダレス、サイバー社会の中にいるのです。

既に君たちは気づいているかもしれませんが、改めて指摘したいことは、国際競争力の減退に伴って外国からの富を国内に呼び込むことが難しくなってきますと、その影響を受けるのは輸出入を手掛ける企業のみならず、国内市場で事業を展開している企業にも多大な悪影響が出てきます。輸出により経済メリットがあれば、その収益を国内市場で消費することで国内専門の業者へも波及効果があったのです。輸出に強い大企業の協力企業としての役割を果たしてきた中小企業にも経済メリットがもたらされてきました。

大企業の輸出競争力が低下しますと、コストダウンが最も効果的な競争力の原資となり、協力企業にもその影響が及ぶことになります。そうなりますと、人件費のコスト負担を下げるために人代替ロボットの導入を進める、社員を非正規化する動きになるわけです。結果として、国内の同業社間で、大企業からの受注競争が激化し、なかには消耗戦になる場合も出てくることになります。

特にコロナ禍では、こうした働き方が如実に表面化して倒産に至った企業も少なくないはずです。大企業が海外貿易で収益を挙げていた時代には、その下請け企業もその一部を享受する形で大企業と共存していましたが、そのことが下請け企業への値下げ圧力になります。製造業に限らず、広い意味での国内向けサービス業や政府による規制業種も、国内市場の縮小に伴い同業間の競争激化の流れにさらされることになります。

政治、経済ほか諸々の分野の指導者の喫緊の役割は「社会は30年前までの日本とは大きく変わったのです。日本がかかえる構造的な諸課題を認識したうえで新しい国づくりを基礎から始めよう」と大胆に明言し、国民に理解を求めることでしょう。基礎能力育成の中で特段に大きな役割を果たすのが、教育であることは明白です。日本の唯一かつ最大の資源は、人材であり、その能力開発を担うのは教育だからです。

政府も盛んにスタートアップ企業の創成を支援していますが、外国に比べて伸び悩んでいるのです。社会の動きや動向を注視しながら君たちの活動場所を探していくことになりますが、インターネットが普及し、社会経済が一層グローバル化してきている世の中では、君たち自身が働きやすい環境を求めて移動する時代です。

昨今の為替の円安（2023年10月時点）もあり、日本での実質賃金上昇が望めないとの理由で外国へ働きに出る人が増えています。先にみたように、OECDの統計で先進諸国の中で過去30年間に働く人の賃金の上昇がない国は日本だけです。今のまま時代が経てば益々日本は混迷を深めていくでしょう。働きやすい場所、国で働き、そこで自己実現できれば、その国が君の「働き場所」になるのです。

インターネットの普及により玉石混淆の情報が飛び交い、選択が大幅に増えてきた社会で、最後に選択する決め手は君たち自身の判断です。したがって、判断力の錬磨はますます重要になり、私見では、スキル教育以前に注力すべき自己啓発教育です。学校にそれを期待するだけではなく、君たち自身も自らその思考に向けて努力することをお奨めします。

若い君たちには、古い価値観から脱却して、君たちに相応しい道を歩いて欲しいと思っているのです。それが結果的には君たち自身の為であり、日本の将来を変えることに繋がります。

●おわりに

本書は、君たちが学校を卒業して社会に出て働く時に役立つように、特定の業界や職種へ誘うことを目的にしておりません。働き、収入を得て毎日の生活を支えることは、君たち一人ひとりにとって人生の最も重要で意義のある営みです。したがって、どのような職に就いて働くのかを、責任をもって決められるのは君たち自身なのです。

技術の進展で社会が変容していくと同時に、君たちの選んだ職の周りには既に大勢の関係者、先輩たちがいますし、そうした利害関係者が作り上げてきた社会には、様々な歴史やしがらみがあるのが普通です。それを無視してその社会で働くことは難しいので、そうした職場環境の中で君たち自身ができるだけ合理的な判断をして、行動して欲しいと願っているわけです。

寿命が永くなった君たちの世代では、恐らく50~60年は働くことになります。その間に社会の変動により産業分野や職種の栄枯盛衰が必ず起こり、恐らく君たちも転職を経験する可能性が高いでしょう。高度成長期に見られた、安定した「会社員」の時代は過去のものになり、他方インターネットの普及により、会社ではなく個人一人ひとりが社会や全世界と直接かかわる時代を迎えて、各人が自らの考えを持つことが生き方や職業選択に必須の時代になってきました。残念ながら未だに少なからぬ大人たちが「いい学校に入り、いい企業に就職する」という、高度成長期の発想の呪縛から解放されていないのは事実だろうと思います。

21世紀を生き抜く君たちの働きが、少しでも付加価値の高い、生産性を上げたものになるように、働くにあたって考えて欲しい基本的な課題を紹介しました。本書で紹介した考え方は、研究開発に関わる個別事例が多く取り上げられていますが、それは私の職歴に依るからです。しかし、本書で紹介した考え方は、研究開発分野に限る話ではなく「成熟した社会」では様々な職種にあてはまる、と考えています。

内閣府による世論調査（https://survey.gov-online.go.jp/index.html、平成26年度）では、将来の日本が今より暗くなると答えた人の割合は、明るくなると答えた人の倍の割合を示しています。また別の調査で、諸外国との国際比較した結果では(26)、日本の若者は「自己肯定感」が低い、といいます。その原因についての分析が様々行われているようですが、経済や社会の停滞感を親やメディアから何となく知らされていることも影響しているかもしれません。

私が注目しているのは、日本では、幼い時から周囲の人との良好な関係を構築することを重視する育成、教育の仕方、言い換えれば個人の自己主張を抑制する考えが影響しているのではないか、と言うことです。成長するにつれて、勉強のできる子、運動の得意な子など能力発達の違いから、いわゆる出来る子が意見集約の際に主導権を握り、他の子供たちは付和雷同でことを荒立てない習慣が形成されてきた可能性はないでしょうか?その延長で成人になっても、指導的地位にいる人の「ツルの一言」で組織の意志が決まる、と言った極めて非生産的な意思決定が今になっても続いていると想定しています。君たち一人ひとりがこの状態にいるとするなら、早急にそこから脱却して欲しいと願っています。

天然資源、エネルギーもなく、食糧も不足している日本の若い人たちが、将来に明るい希望を持つ国になるカギは、唯一の資源である人材の活用です。個人が自らの意見表明や提案をしない「付和雷同」や、周囲からの圧力による「同調」、加えて著しい男女格差の存在は、人材活用の観点からも多大な無駄を発生させています。これからは一人ひとりの提案こそ、力となり価値創出に繋がる時代です。多くの個人が「同調」するだけで個人の意見を発信・提案しない、あるいは多くの女性がその機会を得られないとすれば、国全体では生産性も低いですし、極めて深刻です。言い換えればこの人たちの発意を導き出せれば、日本からの新たな価値創出に繋がる希望がもてます。こうした多くの人々をこれまでの呪縛から早急に解放する必要があります。

この深刻な二つの障害を乗り越えて解放の第一歩とするには、男女問わず、各個人が自らの考えを育て、発信していくことです。君たちも周りにいる友人たちと対話する際に、こうした考えを説明し、理解者を増やして欲しい。その為に機能し、君たちの将来を切り拓くのは「広角の学び」であり「骨太の学び」による知見を活かした判断であり、その実行なのです。そうした折に冷静に判断して欲しいし、その判断を行う際に思い起こして欲しい視点を提供したいと願って本書を著したのです。

日常生活の中でなにかモヤモヤとした感じを抱くことの多い人に、何らかのヒントを感じてもらえれば幸いです。ＰＤＣＡ他の、本書内で用いた単語にこれまで馴染みのない方が多いと思いますが、この際に取り入れたらいかがでしょう。君たちの日常の中に、単語を明示することで、モヤモヤしていた考え方がスッキリと輪郭をもった考え方の理解につながることもあります。

本書を著すに当たり、過去の書き物や写真を取り出して出来事を思い出してみました。つくづく感じたことは、会社時代の上司や同僚と共にした議論、共同作業と認識から多々学んだことでした。改めて深く感謝し、ここにその思いを記します。内閣府総合科学技術会議と

ＪＡＸＡの通算11年間は、未経験の仕事の仕方の新鮮さに驚きと発見の日々でした。職員の皆さんとの対話と共同作業の中にキラリと光る感動があったことは忘れがたい記憶です。共に働いた皆さんに感謝いたします。30歳半ばでの海外勤務に加えて、各職場で体験した、多くの海外のカウンターパートとの協業から得難い経験や斬新な考え方を学べたことは極めてラッキーでした。

本書の出版にあたり、㈱金港堂菅原真一部長、㈱東北プリント大槻潤様には編集、校正、印刷製本などで大変お世話になりました。

最後に、いつも私を支えてくれた、妻久美子と三人の子供たちに感謝します。

【参考文献】

（1）上田紀行編著、『新・大学でなにを学ぶか』岩波ジュニア新書　岩波書店、２０２０

（2）ロバート・スティーヴン・カプラン著（福井久美子訳）、『ハーバードの自分を知る技術』、阪急コミュニケーションズ、２０１４

（3）「令和3年度学校基本調査（確定値）の公表について」、報道発表、文部科学省、２０２１

（4）『世界の統計２０２２』：総務省統計局編、日本統計協会、２０２２

（5）ニコラス・D・クリストフ、シェリル・ウーダン著（村田綾子訳）、『絶望死：労働者階級の命を奪う「病」』朝日新聞出版社、２０２１

（6）レイ・カーツワイル著（井上健監訳）、『ポスト・ヒューマン誕生：コンピュータが人類の知性を超えるとき』、NHK出版、２００７

（7）「２０２１年日本の広告費」、電通調査レポート、２０２２

（8）斎藤幸平著、『人新世の「資本論」』、集英社新書、集英社、２０２０

（9）ジャン＝ダヴィド・ゼトゥン著（吉田春美訳）、『延びすぎた寿命：健康の歴史と未来』、河出書房新社、２０２２

（10）OECD東京センター　hp https://www.oecd.org/tokyo/statistics/average-wages-japanese-version.htm

（11）アン・アプルボーム著（三浦元博訳）、『権威主義の誘惑：民主政治の黄昏』、白水社、２０２１

（12）『科学技術指標２０２２』、文部科学省、科学技術・学術政策研究所科学技術予測政策基盤調査研究センター

（13）東京大学外国人留学生受入数の推移　https://www.u-tokyo.ac.jp/content/400217967.pdf

（14）ＯＥＣＤ　hp https://www.oecd.org/education/2030project/teaching-and-learning/learning/learning
compass

（15）『高等学校学習指導要領平成30年告示解説総合的な探究の時間編』、文部科学省、２０１９

（16）ＩＭＤ　hp: Emma Chariton、World Economy Forum Agenda、２０１９
（ＩＭＤ：International Institute for Management Development））

（17）中央教育審議室将来構想部会第９期～第１回配布資料「高等教育の将来構想に関する参考資料」、文部科学省、２０１７

（18）マシュー・サイド著、『多様性の科学：画一的で凋落する組織、複数の視点で問題を解決する組織（因みに原題はRebel Ideas, The Power of Diverse Thinking)』、：ディスカヴァー・トゥエンティワン、２０２１

（19）「World Competitiveness Yearbook」、ＩＭＤ、２０２２
https://www.imd.org/centers/wcc/world-competitiveness-center/rankings/world-competitiveness

（20）ジョセフ・ラズ著（森村進、奥野久美恵訳）、『価値があるとはどのようなことか』ちくま学芸文庫、筑摩書房、２０２２

(21)エズラ・ヴォーゲル著（広中和歌子、木本彰子訳）、『新版ジャパン・アズ・ナンバーワン』、阪急コミュニケーションズ、２００４
(22)ヘンリー・チェスブロウ著（大前恵一朗訳）、『Open Innovation：ハーバード流イノベーション戦略のすべて』、産業能率大学出版部、２００４
(23)リチャード・S・ローゼンブルーム、ウイリアム・J・スペンサー著（西村吉雄訳）、『中央研究所の時代の終焉：研究開発の未来』（因みに原題は「Engines of Innovation」）、日経ＢＰ社、１９９８
(24)『オープンイノベーション白書第三版』、新エネルギー・産業技術総合開発機構）、２０２０
(25)「海外在留邦人数調査統計」、外務省領事局政策課、令和４年（２０２２年）10月１日現在
(26)『子供・若者白書（令和元年版）』「日本の若者意識の現状～国際比較からみえてくるもの～」、内閣府

著者略歴

奥村　直樹（おくむら　なおき）

島根県生まれ、東京育ち。東京大学工学部を卒業、同大学院を修了、工学博士／1973年新日本製鉄(株)(現日本製鉄(株))入社、研究開発部門を歩み、取締役研究所長を経て代表取締役副社長を務める／2007年内閣府総合科学技術会議議員に就任(常勤)、歴代首相の下で(自民党、民主党)、国の科学技術政策に貢献。研究開発予算配分の基本指針策定と成果の評価を実行／2013年宇宙航空研究開発機構(JAXA)理事長に就任。宇宙情報の国民への還元や宇宙産業の自立化など「国民の身近にある宇宙開発」に尽力。2018年任期満了退任／ほかに国際鉄鋼連盟技術委員会委員、日本鉄鋼協会会長、東北大学客員教授などを務める

骨太の学び　21世紀を働き抜く君たちへ

令和6年2月14日　初　版

著　者　奥　村　直　樹
発行者　藤　原　直
発行所　株式会社金港堂出版部
仙台市青葉区一番町二丁目3-26
電 話　(022)397-7682
FAX　(022)397-7683
印　刷　株式会社東北プリント
